EDITION
Jolanus

W0062211

Tobias Brocher

Allein –
aber nicht einsam

Quell

EDITION JOHANNES KUHN BAND 2

1. Auflage 1991, 1.– 7. Tausend
2. Auflage 1991, 8.–12. Tausend
3. Auflage 1992, 13.–17. Tausend

ISBN 3-7918-1801-5

© Quell Verlag, Stuttgart 1991
Printed in Germany · Alle Rechte vorbehalten
Umschlaggestaltung: Klaus Dempel, Stuttgart
Satz: Setzerei Hurler, Notzingen
Druck: Ebner Ulm

INHALT

VORWORT

Allein sein, allein leben oder sich plötzlich verlassen fühlen, oder aber auch endlich allein sein können, sind verschiedene Zustände und Erlebnisweisen. Man muß sich fragen, wenn man mit sich selbst allein ist: Redet da nicht doch jemand mit einem? Es ist nicht ungewöhnlich, daß viele Menschen, die allein leben, sich bei einer Tätigkeit im Haushalt fragen, wenn ihnen beim Kochen beispielsweise etwas mißlingt: Was ist das denn für ein Unsinn, den ich da gemacht habe?

Mit anderen Worten, sind wir denn wirklich allein, wenn wir für uns selbst sind, oder ist es eigentlich ein Gegenüber von zwei Menschen, die in uns leben, der eine von ihnen ein Beobachter, der gleichsam alle die Menschen und die Summe der Gebote und Verbote vertritt, und prüft, ob wir davon abweichen oder nicht. Diese Funktion des Gewissens, der Selbstkontrolle weist schon darauf hin, daß Alleinsein niemals bedeutet, völlig allein zu sein, sondern zugleich Rechenschaft geben zu müssen, aber wem?

Unsere Großväter schrieben in ihren Briefen, wenn sie eine Verabredung trafen oder in die Zukunft sahen, hinter die betreffenden Texte immer in Klammern »SGW«. Das hieß so viel wie: »So Gott will.« Es war also eine Bereitschaft da und auch ein Wissen darüber, daß menschliches Leben von Anfang an begrenzt ist und jemand anderes entscheidet, wie lange es währt. Im Vertrauen darauf, daß mich jemand liebt und durch das Leben trägt, kann ich es annehmen, daß mein Leben eine bestimmte Dauer hat.

In diesem Leben bin ich zu vielen Zeiten und an vielen Orten allein, zum Beispiel wenn ich an einem See stehe oder im Wald laufe, bin ich mit mir und zugleich mit meinem Schöpfer allein. Mit ihm kann ich Zwiesprache halten, sowohl im Sinne der Dankbarkeit wie auch im Sinne des Unverständnisses und der Frage nach dem Sinn des Lebens. Die Frage, was hat das für einen Sinn, daß dies und jenes in meinem Leben geschieht, entspringt einer falschen Einstellung, denn wenn ich nach dem Sinn frage, kann der Sinn des Lebens nur das sein, was ich für mich diesem Leben an Sinn verleihe. Dieses Sinngeben umfaßt, daß ich selbst es allein tun und verantworten muß.

Wir leben inmitten von Menschen und können uns trotzdem allein fühlen. Also müssen wir zwischen *allein sein* oder aber *sich allein fühlen* unterscheiden. Das Wort Alleinsein wird häufig mit Einsamsein gleichgesetzt. Einsamsein ist eine innere Entscheidung, die mehr damit zu tun hat, daß ich mich unter Menschen, vielleicht in einer großen Gruppe oder gar in einer Stadt, in der ich umherlaufe, einsam fühlen kann. Ich bin ein Einzelner, aber mir fehlen andere, mir fehlt ein zweiter. Mir fehlt ein Mensch, dem ich mich offenbaren kann, dem ich vertrauen kann. Einsamsein bedeutet also viel mehr als allein sein, nämlich in sich verschlossen, nicht mehr zugänglich sein, aber auch nicht mehr Zugang zu anderen haben wollen. Es ist ein Rückzug auf sich selbst, in die Einsamkeit. Das Einzelnsein ist gleichsam eine Art von in die Wüste gehen, dorthin, wo niemand mehr ist. Dennoch bin ich dort wiederum in Zwiesprache mit mir selbst und letztlich in Zwiesprache mit dem Schöpfer, der mich in diese Welt gebracht hat und vor dem ich mein Leben in allem, was ich denke, fühle und wie ich handle, verantworten muß.

Diese Verantwortungsbereitschaft hängt weitgehend davon ab, in welcher Umgebung und mit welchen Regeln innerhalb einer Gesellschaft oder einer Gruppe ich aufgewachsen bin. Entscheidend ist, wer mir vermittelt hat, was Schuld ist, was verboten und erlaubt ist, was ich tun kann, was ich denken kann, was ich fühlen kann. Wäre es nun so einfach, daß wir uns nur an bestimmte Regeln zu halten brauchten, um glücklich und zufrieden zu sein, dann hätten wir auch keine Schwierigkeiten, allein zu sein oder allein zu bleiben. Die Tatsache, daß wir mit anderen Menschen umgehen und im Laufe eines Lebens von Eltern, Geschwistern, Mitschülern, Mitarbeitern, Kollegen, Freunden und Partnern Signale oder Aussagen über deren Wahrnehmung empfangen, wie wir uns verhalten, bedeutet zugleich, daß wir deren Beobachtungspunkte übernehmen oder abweisen. Auf jeden Fall besteht die Notwendigkeit, stets die Wirklichkeit zu überprüfen, und zwar daraufhin, ob die mich umgebende Wirklichkeit übereinstimmt mit dem, was andere wahrnehmen, zugleich aber auch, ob die Fremdwahrnehmung anderer mit meiner eigenen Wahrnehmung übereinstimmt. Hierbei wirken zwei Seiten in mir: die eine, die diese Beobachtungen aufnehmen und mit dem vergleichen muß, wie ich mich selbst sehe.

Aber auch ohne andere scheint es im Menschen eine Art Wunschbild zu geben, dem er nacheifern möchte. Friedrich Hebbel drückt dies in seinem 44. Lebensjahr in seinem Tagebuch so aus: »Der, der ich sein möchte, grüßt wehmütig den, der ich bin.« Diese Aussage weist auf eine Erlebnisform, die wir im Umgang mit uns selbst immer wieder erkennen können. Wir möchten etwas im guten Sinne, und es gelingt uns nicht. Oder wir versäumen etwas, was wir hätten tun sollen, und erleben ein Gefühl der Schuld, als ob wir dieses Versäumnis hätten vermeiden können. Dieser Unterschied zwischen einer Wunschvorstellung, wie ich sein möchte oder hätte sein wollen, und der Feststellung, wie ich leider oder Gott sei Dank bin, führt zu einer inneren Auseinandersetzung. Je höher dabei das Ideal gesetzt wird, desto stärker ist das Gefühl des Versagens oder der Schuld. Im Alleinsein fällt jeder Mensch für Augenblicke auf sich selbst zurück und befindet sich in einem Zwischenraum zwischen Vergangenheit und Zukunft.

Es gibt viele innere und äußere Anlässe und Ursachen für das Alleinsein, etwa das Gefühl, »endlich« allein sein zu können, frei von anderen und irgendwelchen Bedrängnissen, um zu sich selbst kommen zu können. Andere Formen des Alleinseins sind gekennzeichnet durch Verlust von geliebten Menschen durch Tod, von Freunden durch Wohnungswechsel, auch von Weggenossen, von Menschen, die uns Leitbilder für unsere eigene Entwicklung waren.

Alleinsein in Kindheit und Jugend wird anders erlebt als Alleinsein in der Mitte des Lebens oder auf der letzten Strecke, deren Ende ungewiß ist. Eines jedoch ist sicher: Wir altern vom Augenblick der Geburt an. In diesem Alterungsprozeß wird eine Entwicklungsforderung an uns gestellt, die nicht nur äußeres Wachstum betrifft, sondern auch inneres Wachstum verlangt. Diese Möglichkeit des inneren Wachstums hängt davon ab, wie weit wir mit uns selbst allein sein können, um darüber nachzudenken, was aus der Vergangenheit unseres Verhaltens für die Zukunft entsteht. Allein vom äußeren Wachstum und Altern ist ersichtlich, daß Veränderungen eintreten, an die wir uns in bestimmter Weise anpassen müssen. Verweigern wir solche Anpassung, so geraten wir möglicherweise in Zustände des Alleinseins, die wir als Einsamkeit erleben. Die Frage, wie weit ich mich anpassen will an die Umgebung, die dies von mir fordert, hängt weitgehend von der Entscheidung jedes Einzelnen ab. Dennoch gibt es den Grundsatz, nämlich nicht zu weit von der allgemeinen Auffassung und dem allgemeinen Verhalten abzuirren, aber gleichzeitig gegenüber zu großer Anpassung eine Eigenheit zu bewahren, die wir als individuelle Identität erleben können: »Jeden gibt es nur einmal!«

Trotz dieser Einmaligkeit jedes einzelnen Menschen vergleichen wir uns aber immer wieder mit anderen, versuchen Ähnlichkeiten zu finden, mit Hilfe derer wir uns verständigen können und uns dann auch im Umgang mit anderen vertrauter fühlen. Jeder Mensch hat die Sehnsucht nach Angenommenwerden, vielleicht sogar nach Geliebtwerden. Das Gefühl, angenommen zu werden, befreit uns in gewisser Weise vom Alleinsein, sicherlich aber vom Gefühl der Einsamkeit. Es führt jedoch zu jener Spannung, daß eigenes Verhalten verglichen wird mit dem Verhalten anderer, bis zu einem Entscheidungspunkt, wo wir die Wahl haben, uns gleich zu verhalten oder eben anders. Mit diesem Andersseinwollen gehen wir aber zugleich ein Wagnis ein.

Es sind gerade diese Augenblicke des Alleinseins mit uns selbst, in denen Entwicklungen und Veränderungen stattfinden, auch wenn wir dies krisenhaft erleben und oft in Zweifel, Widerstand und Zwiespältigkeit unseren eigenen Weg finden müssen. Dies ist für lange Strecken des Lebens immer wieder von neuem der Fall, so daß es auch darauf ankommt, mit diesem Alleinseinkönnen umzugehen.

DIE UNENDLICHE WEITE
DES ALLEINSEINS

Schon beim Säugling und Kleinkind gibt es Augenblicke des Alleinseins, die vom Kind auch wirklich so erlebt werden. Die Welt des Kindes sieht anders aus, als wir sie uns lange Zeit vorgestellt haben. Zunächst sind Mutter und Kind so miteinander verbunden, wie es biologisch vor der Geburt der Fall war. Wir haben bestimmte Erkenntnisse darüber, daß das noch im Mutterleib sich befindliche Baby durchaus Regungen und Bewegungen im Vergleich mit Erregungen der Mutter erlebt.

Vom Augenblick der Geburt an leben wir vom Eindruck unserer Sinne. Die Sinneseindrücke führen aber zunächst dazu, daß wir zwar sehen, hören, schmecken, fühlen, aber die Bedeutung dieser Sinneserlebnisse nicht einordnen können. Die früheste Erlebnisweise wird geprägt von einer Wiederkehr der Beziehung zur Mutter oder anderen Menschen der Umgebung und dem Verschwinden dieser Personen, worauf das Alleinsein folgt. Soweit dies erforscht ist, handelt es sich um ein Alleinsein, das ständig von Sinneseindrücken, Geräuschen und anderen Wahrnehmungen des Kindes erfüllt ist, bis Schlaf eintritt. Es gibt aber auch innere Sinneserlebnisse wie beispielsweise Hunger oder Temperaturunterschiede, die gleichsam als Engramme, als Prägungen im System des Kindes verbleiben.

Wenn wir die weitere Entwicklung betrachten, so ergibt sich ein immer weiterer Raum, der erkundet werden muß und der auch andere Entwicklungsschritte hervorruft. Gleichzeitig sind darin das Annehmen anderer Personen und das Erkennen von deren Handlungen, Absichten oder Ausdrucksformen enthalten, während die unendliche kindliche Neugier dazu führt, daß Gegenstände, die unbekannt sind, konstant von neuem erforscht werden müssen.

Einige Philosophen haben mit Recht festgestellt, daß diese ersten fünf bis sechs Jahre eines Menschenlebens eine solche Fülle von Erlebnisweisen, Erkenntnissen und Erfahrungen enthalten, daß es fast unmöglich ist, sie alle zu beschreiben. Vor allem aber ist es tatsächlich unmöglich, die subjektiven Erlebnisweisen, die daraus im einzelnen historisch entstehen, wirklich zu ergründen. Es entwickelt sich ein vorläufiges Bild der Wirklichkeit. Teile dieser Wirklichkeit werden vermittelt durch Personen der direkten Umgebung, die entweder die Wahrnehmung fördern oder aber die Wahrnehmungsmöglichkeiten eingrenzen. Letzteres geschieht meistens zum Schutz des Kindes, weil in jeder Umgebung tatsächliche Gefahren lauern.

In zahlreichen Forschungsarbeiten der letzten fünfzig Jahre zeigt sich, daß eine entscheidende Entwicklungsstufe die Fähigkeit des Kindes ist, die Abwesenheit der Mutter zu ertragen. Winnicott behauptet, daß Kinder mit dem Verlust der Mutter oder dem Freigeben der Mutter ein Übergangsobjekt brauchen. Sie schaffen sich dieses Übergangsobjekt entweder in Gestalt eines Plüschtieres oder einer bestimmten Puppe oder auch durch ein Tuch oder eine Decke, die sie ständig mit sich herumtragen oder hinter sich herziehen. Dieser Gegenstand hat die Bedeutung der Mutter. Er ersetzt sozusagen die nicht vorhandene oder vorübergehend abwesende Mutter, und dadurch wird das Loslassen der Mutter möglich, weil ein Ersatzobjekt da ist.

Auf diesem Hintergrund ist es auch verständlich, daß selbst Erwachsene vielfach kleine Ersatzobjekte für einen Partner oder als Erinnerung an bestimmte Situationen bei sich behalten. Es gibt Erwachsene, die sogar bestimmte Stofftiere oder Gegenstände bis in ihr Erwachsenenleben oder in die Ehe mitnehmen, weil diese Gegenstände vom unbewußten Gefühl her immer noch mit der ursprünglichen Beziehung zur Mutter verbunden sind. Das Alleinsein wird auf diese Weise erleichtert, weil immer noch ein Objekt vorhanden ist, ein Gegenstand, der nur für die Betreffenden selbst die Bedeutung hat, nicht allein zu sein. Statt des herbeigewünschten geliebten Objektes (Mutter) bietet das Übergangsobjekt die Möglichkeit, auf die Dauer den immer stärker werdenden Verlust zu ertragen. Mit Verlust ist hier das allmähliche Zurücknehmen der Hilfen gemeint, die ein Kind von seiner Umgebung empfängt.

Wir alle haben allmählich lernen müssen, wie man man sich die Schuhe zuschnürt. Wir haben uns die Fertigkeit erworben, andere Tätigkeiten, die wir ursprünglich nicht selbst ausüben konnten, zu denen wir aber angehalten wurden, allein auszuführen. Hier bekommt das Wort »allein« eine ganz andere Bedeutung, nämlich: Ich kann etwas auch allein machen, ich brauche keinen anderen dazu. Es ist also ein Entwicklungsschritt im Alleinsein, allein etwas zu können, ohne auf Hilfe anderer angewiesen zu sein, der zugleich auch Selbstbewußtsein und Selbstvertrauen herbeiführt. Es handelt sich hierbei um einen Gegensatz, nämlich einerseits hilfsbedürftig oder hilflos zu sein und durch Signale den Wunsch nach Hilfe kundzutun, während andererseits, etwa bei Verweigerung der Hilfe, ein Augenblick entsteht, in dem selbst ein bestimmtes Handeln erlernt werden muß, also eine Art von selbständig werden. Dies ist die Vorstufe dafür, für sich selbst sein und etwas allein aushalten zu können. Auf diese Weise enthüllen sich die unendliche Weite des Alleinseins und die darin enthaltenen Möglichkeiten, aber auch Notwendigkeiten.

Phantasie und Probehandeln bestimmen die Begrenzungen. Ich erinnere mich an ein zweieinhalbjähriges Kind, das die Gewohnheit hatte, seinen Finger in die Zuckerdose zu stecken und den Zucker vom Finger abzulecken, um das mehrfach zu wiederholen. Das wurde entdeckt, und dem Kind vermittelte man in diesem religiösen Haushalt, daß eine solche Handlung zu unterlassen sei, weil der liebe Gott alles sehe. Diese Ermahnung wirkte zunächst beeindruckend. In Gegenwart anderer Erwachsener entfiel der Fingertrick. Der gleiche Junge kletterte jedoch am Sonntagnachmittag, als die Eltern ihren Mittagsschlaf hielten, mit Hilfe einer kleinen Trittleiter auf die Kommode, so daß er an die Schubfächer herankam, in denen Mehl, Zucker und anderes aufbewahrt wurde. Er fand auch den Zucker, zog das Schubfach heraus und begann seinen Fingertrick von neuem, war aber nicht ohne einen wachsamen Blick nach rechts und links oben, wo er den allsehenden Gott vermutete. Da der Vorgang nicht entdeckt wurde, kam es zu Wiederholungen. Dabei war als entscheidender Entwicklungsschritt die Tatsache zu sehen, daß das Kind eines Tages zur Überraschung der Eltern erklärte: Ich weiß jetzt, daß der liebe Gott doch nicht alles sieht. Die etwas erstaunten Eltern suchten nach einer Erklärung, die ihnen das Kind auch prompt gab. Damit war eine Art Selbstgeständnis und Offenbarung verbunden, die aber eher Heiterkeit bei den Eltern auslöste, verbunden mit dem Erstaunen, was dieses kleine Kind für sich allein doch schon zustande brachte.

Übersetzt man diesen einfachen Vorgang in andere, spätere Altersstufen, so ergibt sich sehr häufig eine Situation, in der ein Kind oder ein Jugendlicher etwas Bestimmtes ausprobieren will. Mädchen, aber zunehmend auch Jungen, kochen gerne neue Gerichte. Dabei geht es um die Bewährung, etwas allein zustande zu bringen. Dies scheitert häufig an der Tatsache, daß Mütter versuchen – mitunter aus Angst oder unbewußtem Neid – solche Selbständigkeit zu verhindern, indem sie erklären: »Das kannst du doch noch gar nicht!« Oder: »Geh weg, ich helf dir dabei!«

Von der Förderung oder Behinderung solcher Wünsche nach Selbständigkeit hängen weitgehend das Selbstvertrauen wie auch das Bewußtsein ab, etwas allein wagen zu können oder von vornherein von Ungewißheit und Unsicherheit bedroht zu sein. Von seiten der Eltern ist an den Punkten das Loslassen gefragt, an denen das Kind allein etwas probieren, also seinerseits sich ablösen will, um Selbständigkeit begründen zu können.

In gewisser Weise ist die Lebensentwicklung ein Spiel mit Versuch und Irrtum. Lernen erfolgt im Alleinsein stets nur aus dem Erleben des Irrtums oder des Erfolges, da zunächst einmal im Versuch etwas vorwärts gelebt werden muß. Und erst am Mißerfolg oder am Fehler ist erkennbar, was korrigiert werden müßte. Dieser Grundsatz gilt für das ganze Leben und reicht über viele alltägliche Ereignisse bis ins hohe Alter hinein, immer dann, wenn eine Verhaltensänderung gewagt und erprobt werden muß.

Einer der häufigsten Ausweichversuche, Veränderungen zu umgehen, entsteht aus dem Gefühl, allein gelassen zu sein. In der Phantasie gibt man vor, krank zu sein oder gar sterben zu müssen oder zu wollen. Es handelt sich dabei um einen Entschluß, die Umgebung und die Eltern darauf aufmerksam zu machen, daß man nicht genügend Beachtung oder auch nicht genügend Liebe empfängt. Krankheit hat stets zur Folge, daß die Aufmerksamkeit und die Zuwendung der Umgebung zunehmen. Es ist also durchaus nicht ungewöhnlich, wenn Kinder im Schulalter plötzlich über Kopf- oder Bauchschmerzen klagen, weil sie Schwierigkeiten innerhalb der Schulgemeinschaft oder mit dem Lehrer oder mit irgendeiner Arbeit haben. Sie werden tatsächlich krank oder erzeugen Krankheitssymptome, und es hängt von der Umgebung ab, wie ein solcher Versuch verläuft. Dennoch wird sich mancher Leser erinnern können, wie weit die Phantasie im einzelnen geht.

Ich erinnere mich an einen Sechseinhalbjährigen, der sich nicht nur eine Krankheit wünschte, sondern sie auch tatsächlich erzeugte und dadurch Aufmerksamkeit auf sich zog. In seiner Krankheitsvorstellung glaubte er, nun müsse er bald sterben. Alle Bemühungen von seiten der Eltern und des Arztes erschienen negativ, denn das Fieber stieg an. In dieser rätselhaften Situation wurde seine ältere Schwester, die ihn oft herumgeschubst und auch verprügelt hatte, von Schuld- und Reuegefühlen geschüttelt. So kam es dazu, daß sie schließlich tränenreich am Bett des Bruders kniete, um ihm zu versichern, daß sie für ihn bete, damit er schnell wieder gesund würde. In seiner lässigen und überlegenen Art antwortete der kleine Bruder: »O nein, das ist nicht notwendig, ich bin bald selbst bei Jesus.« Er verband damit in seiner Phantasie die Vorstellung, daß die Eltern und Freunde um sein Bett standen, einige sogar sich mit Tränen über sein Bett warfen und klagten und er nun endlich die Genugtuung hatte, daß alle erkennen, wie schlecht er behandelt und wie sehr er vernachlässigt worden war. Und nun könnte er durch seine Krankheit Zuwendung empfangen und durch seinen Tod die Eltern bestrafen.

Es gibt sehr weitgehende Phantasien in dieser Richtung, und sie sind nicht ungewöhnlich, nur teilen die meisten Kinder den Inhalt dieser Phantasien nicht mit. Sie wollen allein sein mit einer Vorstellung, die Genugtuung verleiht, weil sie genügend Möglichkeiten für Selbstmitleid bietet. Freilich können die gleichen Symptome auch bei Erwachsenen auftreten, nämlich psychosomatische Krankheiten, hinter denen bestimmte ungelöste oder unlösbar scheinende Konflikte stehen, die nicht ausgesprochen werden können. Es ist auch nicht ungewöhnlich, wenn ein Erwachsener etwa sagt: »Lieber sterbe ich, als daß ich das tue.« Tatsächlich handelt es sich um eine Entwicklungslage, in der von bestimmten Selbstvorstellungen, Wünschen und Phantasien Abschied genommen werden müßte. Es müßte tatsächlich etwas absterben, was vorbei ist, um daraus Neues zu entwickeln. Diese Neuentwicklung geschieht im Alleinsein, im Rückblick auf die Vergangenheit, die verloren ist und nicht wiederkehren kann, aber ohne die innere Sicherheit, eine Zukunft und weitere Entwicklung schon klar bestimmen zu können.

Wir neigen dazu, solch einen Zustand bei Erwachsenen als »depressiv« zu bezeichnen, wobei es sich in Wirklichkeit um die Trauer über etwas Unwiederbringliches handelt, die für uns alle an bestimmten Stellen im Alleinsein erfahren wird. Dieses Alleinsein enthält stets auf jeder Stufe des Lebens eine unendliche Weite der Möglichkeiten, die in der Phantasie und Vorstellung sowohl rückwärts wie vorwärts miteinander verglichen werden. Über den Ausgang entscheidet das Ausmaß des Selbstvertrauens und die Fähigkeit des Alleinseinkönnens. So sehr dann manchmal in der Verzweiflung der Wunsch nach Rat und Hilfe von außen auftaucht, so wenig vermag ein direkter Rat oder etwa die Empfehlung eines anderen

Verhaltens tatsächlich zu bewirken. Es geht vielmehr darum, im Alleinsein und in der Auseinandersetzung mit sich selbst die Wandlung zu vollziehen und einen neuen Versuch auf einer anderen Stufe zu beginnen, von dem nicht gewiß ist, daß er auch erfolgreich sein wird.

Setzen wir diese Linie fort ins spätere Leben, so wird eine noch größere Weite erkennbar. Es gibt auch Einsamkeit und Alleinsein in einer Partnerschaft, in der Zweisamkeit. Die Entdeckung der Verschiedenheit, die ursprünglich in der Partnerbeziehung als Gleichheit und Ähnlichkeit wahrgenommen und so mit Wärme erlebt wurde, verändert plötzlich diese Beziehung. Statt aus dieser Verschiedenheit bei einer Auseinandersetzung zwischen beiden Partnern Änderungen herbeizuführen, die einen Wandel der Beziehung möglich machen, erfolgt häufig auf einer Seite oder auf beiden Seiten ein Rückzug in das Alleinsein bis hin zur Einsamkeit. Es entsteht sowohl Verlustangst wie gleichzeitig eine illusionäre Hoffnung auf anderes, was sich außerhalb der jeweiligen Beziehung befindet und möglicherweise die vorhandenen Wünsche erfüllt, die in der jetzigen Partnerschaft unerfüllt erscheinen.

In gewisser Weise hat dies etwas mit Sterben zu tun, nur wäre Sterben hier nicht als körperliches Verenden zu verstehen, sondern mehr als das Absterben früherer Gewohnheiten und Haltungen, um daraus Neues entstehen zu lassen. Wenn Entwicklung verweigert wird und im Alleinsein Rückzug erfolgt, dann wird aus diesem Menschen so etwas wie ein lebender Leichnam. Wenn ein Partner also in eine heftige Entwicklung geht und der andere das Nachfolgen verweigert und seinerseits gleichsam erstarrt, so bekommt jener bekannte Spruch »... bis daß der Tod euch scheidet« eine andere Bedeutung. In einer materialistisch orientierten Gesellschaft halten wir uns zu sehr an körperliche Ereignisse, ohne dabei zu überlegen, daß »totsein« auch etwas damit zu tun hat, wieviel Lebendigkeit und Bereitschaft zu neuem Leben und neuen Erlebnisweisen im einzelnen Menschen in seiner Entscheidung des Für-sich-sein-Könnens enthalten sind. Trost und Rat in konventioneller Weise, so gut er gemeint sein mag, kann unter Umständen auch schaden, da letztlich jemand an einer Stelle, an der Wandlung erforderlich wäre, in seinem bisherigen Sein bestätigt wird und damit seine innere Situation noch auswegloser erscheint.

Die unendliche Weite des Alleinseins wäre also eigentlich gleichzusetzen mit der unendlichen Weite, Fülle und Schönheit des Lebens und der

Erlebnismöglichkeiten, wenn immer wieder von neuem der Panzer des Widerstandes gegen dieses Neue durchbrochen und abgelegt werden kann. Wir »funktionieren« alle nach dem Prinzip, daß sowohl im Bewußtsein wie im Unbewußten in der neuen Situation blitzartig die bisherigen Lösungsmöglichkeiten durchgesehen und daraufhin überprüft werden, inwieweit sie auf diese jetzige Situation anwendbar sind. Dabei kommt es immer wieder von neuem zu der Einsicht und der Enttäuschung, daß die bisherigen Lösungsarten nicht mehr anwendbar sind. Mit anderen Worten: Ein Wandel und eine Veränderung der Einstellung zu sich selbst und zum Leben ist notwendig. Sie muß im Alleinsein vollzogen werden.

So ergibt sich, was zeitlich nicht voraussehbar ist, auf jeder Lebensstufe ein neuer Abschied von Vergangenem, ohne daß die Vergangenheiten getilgt würden. Im Gegenteil, sie bleiben erhalten, aber sie erscheinen im Rückblick und in der Voraussicht in einem neuen Licht. Das trifft zu für den Übergang vom Kleinkinddasein in das Schulalter genauso wie für die Phase der körperlichen Reifung, der Adoleszenz, also für den Übergang von der Pubertät in das Erwachsenenalter. Es trifft zu für die Mitte des Lebens als

Rückblick und Frage nach dem Voraussehbaren wie für das Alter als Neueinstellung zu einem anderen Leben, dessen Ausgang ungewiß bleibt, und für das Uralter, in dem letztlich mehr Alleinsein zu erwarten ist. Gleichzeitig wird es aber gerade in dieser Lebensphase notwendig, um die lange, bisher erlebte Strecke voll verstehen, hinnehmen und innerlich so auswerten zu können, daß daraus so etwas hervorgeht wie Friede des Herzens und des Geistes.

ALLEIN LEBEN – MIT WEM?

Die biblische Weisheit besagt: »Es ist nicht gut, daß der Mensch allein sei.« Da die Fortpflanzung der Generationen von der Partnerschaft zwischen Mann und Frau abhängig ist, wird häufig dieses Wort nur so verstanden, daß ein Partner gesucht und eine Familie gegründet werden sollte. Gemeint ist aber wohl mehr, nämlich: Mit wem bin ich eigentlich allein? Es ist möglich, mit einem Partner so weit allein zu sein, daß sich die Beziehung auf rein äußere Momente beschränkt, daß quasi die Familie zu einer materiellen und physischen Tankstelle wird, während das Seelische in den Hintergrund tritt und jeder für sich allein sein Leben lebt und sich entwickelt. »Es ist nicht gut, daß der Mensch allein sei« – nur mit sich selbst. Denn wäre er nur auf sich selbst bezogen, so bliebe ihm nur die Einsamkeit des Narzißmus, der kranken Selbstliebe.

Wir sind angehalten, unseren Nächsten so zu lieben wie uns selbst. Dazu gehört, daß wir uns selbst lieben können, mit uns einverstanden, zufrieden sind und auch verantwortungsvoll mit uns und anderen umgehen, obwohl wir Fehler nicht umgehen können und aus diesen Fehlern lernen müssen, weil sie uns schmerzen. Es heißt nicht: Liebe nur dich selbst oder liebe nur deinen Nachbarn, sondern es besteht eine Gleichwertigkeit von einer gesunden Selbstliebe mit einem gesunden Selbstvertrauen und der Liebe meinem Nächsten gegenüber, wobei nicht nur einer, etwa mein Partner, sondern alle gemeint sind, die mir in jeder mitmenschlichen Begegnung zum Nächsten werden.

Wenn ich aber mit mir selbst allein bin, also für mich, dann bin ich nicht für mich selbst, sondern stehe vor der Frage, wie bin ich eigentlich gemeint? Kann ich mich selbst so begreifen, daß ich dann das erfülle, was in mir vielleicht als Möglichkeit angelegt ist? Bedarf es hierzu nicht zunächst einmal der Einsicht und des Bewußtseins von Sterblichkeit, von Geschöpflichkeit des Menschseins schlechthin?

Niemand hat die Stunde seiner Geburt selbst bestimmen können. Und niemand kann die Stunde seines Todes bestimmen, sofern er nicht gegen sich selbst und gegen die Schöpfung handelt. Unsere Todesstunde ist ebenso vorherbestimmt. Freilich kann ich mir in der Verleugnung des Geschöpfseins die Rolle des Schöpfers anmaßen und aufgrund einer eigenen Entscheidung mein Leben auslöschen. Von Gott jedoch ist jeder Einzelne in seiner Existenz als die Möglichkeit gedacht, etwas zu entwickeln, was nur er selbst in seinem Leben, nur sie selbst in ihrem Leben entwickeln kann. Dazu wird uns Zeit gegeben.

Es gibt im Laufe des Lebens unendlich viele Abschiede von Freunden, von Verwandten, von Eltern, auch endgültige, die wir hinnehmen müssen, um dadurch wiederum ein Stück der Vergangenheit und des eigenen Erlebens besser verstehen zu können. Der Tod ist nicht etwas, was am Ende des Lebens gleichsam angestückt wird, sondern er gehört von Anfang an zum Leben dazu. Und auf jeder Stufe ist ein Teil des gelebten Lebens vorüber, also abgestorben. Dieser Teil bleibt jedoch in der Erinnerung, und aus dieser Erinnerung heraus können wir etwas in uns selbst wiederbeleben. Im Erinnern gehen wir zurück in die Vergangenheit und vergleichen sie mit dem Hier und Jetzt.

»Es ist nicht gut, daß der Mensch allein sei.« Und doch ist es oft so, daß wir einen anderen nicht ausstehen können. Das Nichtausstehenkönnen eines anderen trifft uns im Grunde an der Stelle, an der wir uns vor uns selbst verbergen. Genau das, was wir am anderen nicht mögen, was aber auch in uns selbst vorhanden ist, möchten wir eher an ihm als an uns selbst bekämpfen. Eine Situation, die für viele Eltern gegenüber einem Kind immer wieder von neuem eintritt, am häufigsten dann, wenn das Kind in der Geschwisterreihe dieselbe Stelle einnimmt wie Vater oder Mutter, als sie selbst Kinder waren. Sympathie, Antipathie, Bevorzugung, Benachteiligung, nicht nur innerhalb der Familie, sondern in jeder mitmenschlichen Beziehung, stammen aus Vergangenheiten, von denen nicht Abschied genommen worden ist, die aber immer noch übertragen werden, obwohl es sich um ganz andere Menschen und um ganz andere Situationen handelt und neue Sichtweisen und neue Erlebnisformen notwendig und durchaus möglich wären.

»Das geht niemand etwas an, sondern nur mich ganz allein!« »Darüber entscheide nur ich!« Kann ich das aber tatsächlich? Mein Leben in jedem Augenblick, in jeder Entwicklungsstufe, in jedem Schritt vorwärts oder rückwärts selbst bestimmen? In jedem menschlichen Leben gibt es die sogenannten Zufälle, die meist keine sind. Ein Dachziegel, der genau neben mir auf die Erde fällt und mich nicht trifft; ein Autounfall, bei dem ich hätte umkommen können, aber er ist glimpflich abgegangen, meine Knie zittern noch, ich bin noch bleich im Gesicht, aber ich lebe. Ein

Flugzeug, auf das ich gebucht war, aber es nicht erreichte, weil ich im Verkehrsstau steckenblieb, und dann erfahre ich, daß dieses Flugzeug abstürzte.

In Gesprächen mit vielen Menschen, die ähnliche Ereignisse schilderten und über das »Wunder« erstaunt und oft erschrocken waren, tauchte dann der Gedanke auf: Da muß doch einer dagewesen sein, der sich etwas dabei gedacht hat. Eine menschliche Form, Gott, den Schöpfer, sich vorzustellen. Im heutigen Größenwahn, bedingt durch ein Allmachtsgefühl, und in den Phantasien des Alleinseins geht mitunter die Tatsache verloren, daß unser Leben an jeder Stelle unerwartet und unvorhersehbar ein Ende finden kann. Wenn dies aber trotz aller Wahrscheinlichkeit dort nicht eintritt, wo es eigentlich hätte eintreten müssen, wenn wir uns an die materialistische Logik halten, kann sich ein Bewußtsein entwickeln, durch das mehr Verpflichtung und Verantwortungsbewußtsein für das eigene Leben entstehen. Es sind dann jene Momente des Alleinseins, in denen ein Gefühl von Glück und Dankbarkeit wächst. Plötzlich erscheinen ein Konzert oder eine Landschaft oder eine Begegnung ungeheuer kostbar, was zuvor nie so erlebt wurde.

Aus diesem Alleinsein entsteht nicht Einsamkeit, sondern vielmehr ein weiteres Begreifen und Ergriffenwerdenwollen von den Schönheiten, den Wundern und den oft schmerzlich erfahrenen Erhellungen des Lebens. Während zahlreicher Gespräche im Alltag habe ich viele drastische Vorstellungen formuliert bekommen, die mich zunächst etwas befremdeten, da sie nicht das erhabene Bild eines über der gesamten Welt thronenden allmächtigen Schöpfers zeichneten. So erinnere ich mich an einen Mann, etwa Mitte vierzig, der sagte: »Manchmal habe ich das Gefühl, als ob mich jemand am Kragen hielte, und wenn ich zu sehr nach links oder nach rechts oder zu eilig nach vorwärts will, dann zieht das, und ich spüre das und verhalte mich entsprechend.« Sicher mag dieses Bild auf eine Kindheitserinnerung zurückgehen, denn auch als Kind wird man gelegentlich beim Kragen genommen und auf den rechten Weg geführt. Dennoch ist auch in einem solchen Ausspruch die Auseinandersetzung mit einem Schöpfer enthalten, der etwas Bestimmtes meint, an dem ich mich selbst überprüfen muß.

In unserem technisch-materialistischen Zeitalter geraten wir oft in die Gefahr, uns allmächtig zu fühlen. Das Machbare erscheint erweiterungsfähig, und mit dem Machbaren wird über Macht verfügt, die »heller als tausend Sonnen« Millionen Tote herbeiführen kann. Mancher mag dann fragen: Wie kann dieser Gott es zulassen, daß so schreckliche Dinge geschehen? Aber wer verursacht diese Dinge überhaupt?

Wir Menschen als Gesellschaft, als Einzelne, als Wissenschaftler, als Philosophen, als Ehemänner, als Ehefrauen, Eltern, Kinder, Jünglinge oder Mädchen sind verantwortlich für diese Welt. Wir gestalten diese Wirklichkeit und behaupten, es sei unsere Wirklichkeit, obwohl feststeht, daß diese Wirklichkeit allenfalls eine vorübergehende ist, die sich jederzeit ändern kann. Sie ändert sich aber nur durch eine neue und andere Wahrnehmung und durch die daraus resultierenden Entschlüsse. Auch hier neigen viele Menschen dazu, alles der Vererbung zuzuschreiben und sich mit dem Urteil zufrieden zu geben: Die Menschen sind nun einmal so, man wird an ihnen nicht viel ändern können. Gewiß, man kann die anderen, auch die Nächsten, nicht von sich aus ändern. Die einzige Änderung, die möglich ist, ist die, die ich in meinem eigenen Leben, in meinem eigenen Verhalten vollziehe: ob ich der Allmacht, dem Größenwahn folgen will, Schmerzen verursache, rücksichtslos gegen andere bin, oder ob jeder andere Mensch für mich eine Bedeutung hat, ob ich sein Alleinsein und Für-sich-sein-Können genauso achte, wie ich umgekehrt von anderen die Achtung meiner Welt, meiner Verschiedenheit und meines So-Seins erwarte.

Es gibt aber auch Formen des Alleinseins, die wie eine Erlösung erlebt werden. Ich erinnere mich an etwas kitschige Postkarten aus der guten alten Zeit um die Jahrhundertwende. Sie zeigten ein junges Paar, das sich irgendwo in einem Winkel umarmt, mit der Unterschrift »Endlich allein«. Eine Vorstellung, die nicht etwa vergangen ist, sondern sehr häufig von jüngeren Liebespaaren in ähnlicher Weise erlebt wird, wenn sie endlich an einer nicht ohne weiteres einsehbaren Stelle auf dem Rücksitz ihres Autos gelandet sind. Dieses »Endlich allein« bedeutete damals, eben nicht ständig von der Umgebung bewacht, kontrolliert und auf Sittsamkeit hin geprüft zu werden, sondern jenen Punkt erreicht zu haben, an dem Zusammensein und Intimität möglich waren.

Heute leben wir in einer Welt, in der Intimität auf andere Weise stattfindet. Häufig geschieht es in sehr frühem Alter, ohne daß ein wirkliches Verstehen dessen vorliegt, was es seelisch bedeutet, sich körperlich zu vereinen. Es handelt sich um Suchbewegungen, in denen seelische und körperliche Erfahrungen erprobt werden. Das ist notwendigerweise einerseits mit Angst, andererseits mit Sehnsucht und illusorischen Vorstellungen verbunden. Während beide Geschlechter zunächst einmal in Gruppen leben, um im Vergleich mit anderen die eigene Rollenidentität innerhalb der Gruppe zu finden, kommt es in Zweierbeziehungen, die zunächst innerhalb des eigenen Geschlechtes als Freundschaft erlebt werden, zu einer genaueren Erprobung wechselnder und wechselseitiger Beziehungen. Der Weg zum anderen führt durch den Entwicklungsschritt des Alleinseins mit den eigenen Phantasien. Einerseits handelt es sich aus biologischen Gründen auch um sexuelle Phantasien, andererseits geschieht dabei aber auch ein Abwägen der eigenen Möglichkeiten, die mit Ängsten und Zielstrebigkeit verbunden sind.

Verlängern wir diese Linie bis in das Erwachsenenalter und bis in das hohe Alter hinein, so bleibt das Grundprinzip gleich, nämlich die Auseinandersetzung mit zwei verschiedenen Welten, die aus verschiedenen Wahrnehmungen hervorgehen. Diese Wahrnehmungen werden weitgehend von gesellschaftlichen Vorstellungen mitbestimmt und verändern sich im Laufe der Jahrzehnte in der verschiedensten Weise. Was heute die Forderung an das Alleinsein viel intensiver erscheinen läßt als in früheren Jahren, ist die noch weitgehend unbewußt bleibende Perfektionsvorstellung.

Dabei handelt es sich um eine Art Vollkommenheitswahn, dem die Wirklichkeit niemals entsprechen kann. Als Resultat erscheint dann aufgrund der illusionären Vollkommenheitsvorstellung die Enttäuschung durch die Wirklichkeit. Diese Enttäuschung über die Wirklichkeit führt dann leicht zu dem Versuch, den damit verbundenen Schmerz zu betäuben. Entsprechend der materialistischen Grundeinstellung und der Unterentwicklung eines differenzierten seelischen Erlebens werden folgerichtig sowohl in den Beziehungen der Geschlechter Körperlichkeit und Sinnlichkeit in den Vordergrund gestellt, während gleichzeitig in der dadurch entstehenden Enttäuschung wiederum am Körperlichen so weit manipuliert wird, daß durch Drogen nicht mehr Wirklichkeit, sondern erfundene Illusionen erzeugt werden.

Wer ist dann mit wem allein? Einer, der in seinem Inneren Vorstellungen übernommen hat, die ihm Glück vorgaukeln – ein Glück, das er sich einfach verschaffen kann, als »Genuß sofort«? Der andere sucht wiederum auch nur materialistische Möglichkeiten zur Erringung dieses Glückes im Vergleich mit bestimmten Personen. Und dadurch wird er in immer weiterem Ausmaß von der eigenen Minderwertigkeit überzeugt. Ein realer Partner wird auf diese Weise zum illusionären Gegenstand der Erfüllung von unwirklichen Sehnsüchten, also zum Gebrauchsgegenstand für eigene Befriedigungen. Der fachliche Begriff des krankhaften Narzißmus verhilft vielleicht zu einer Diagnose, jedoch erklärt er in keiner Weise, warum und wieso es zur Zeit in einem so großen Ausmaß zu diesem Phänomen bei Jugendlichen kommt. Die dahinterstehende Formel des Jugendlichen lautet: »Es gibt nichts, worauf ich mich eigentlich noch verlassen könnte; es ist alles nicht wahr, ich werde getäuscht, und ich kann das alles nur allein bewältigen; diese Bewältigung gelingt mir aber nicht, ohne daß ich mir einen Rausch verschaffe, der die graue Wirklichkeit von mir fernhält!«

Hier enthüllt sich ein Zeitproblem des Alleinseins, das ausgelöst wird durch eine zunehmende Haltung der Passivität, durch verfremdete Wahrnehmung. Medien, insbesondere Fernsehen und Film behandeln bestimmte Probleme, die alltäglich sind. Sie werden aber in einer Form überhöht, daß Identifizierungen in solche überhöhten positiven oder negativen Idealisierungen hineingehen. Verglichen mit dem, was dort gezeigt wird, seien es Verbrechen, seien es ungeheuere Naturkatastrophen, aber auch Liebesszenen und Sexualität, erscheint das eigene Vermögen dürftig. Zugleich aber wird ein hohes Maß an Selbstverwirklichung gefordert, die möglichst solchen Idolen und solchen Scheinvorstellungen von Wirklichkeit nahekommen soll. Der Versuch dieser Nachahmung von idealisierten Zuständen führt notwendigerweise bei der größeren Zahl der Betrachter zur Enttäuschung. Selbstwahrnehmung und Forderung von Perfektion stoßen hier in einer Weise aufeinander, die im Alleinsein zu Minderwertigkeitsgefühlen oder zu Größenideen führen. Gerade dabei entsteht aber die Frage: allein – mit wem?

Einerseits sind die illusionären Darstellungen von Wirklichkeit und Idolen, die keinen wirklichen Vergleich erlauben, auffällig, und andererseits eine mehr oder weniger völlige Verleugnung der Realität der menschlichen Geschöpflichkeit. Es gibt also kein Gespräch und keine Auseinandersetzung mehr mit einem Schöpfer, sondern allenfalls mit den Schöpfern von Wirklichkeit, die eine Wirklichkeit anbieten, deren Wahrscheinlichkeit minimal ist und allenfalls die Ausnahme darstellt. Lessings Vorstellung des Theaters als »moralischer Anstalt« wird in ihr Gegenteil verzerrt, indem die Ausnahmen als Regel erscheinen. Die Angebote einer verfremdeten Wirklichkeit lassen sich jedoch auf die alltägliche Wirklichkeit nicht erfolgreich anwenden. Die im Alleinsein entstehenden Träume erleichtern das alltägliche Leben nicht, sondern erschweren den Umgang mit der Wirklichkeit.

Bedauerlicherweise betrifft dies nicht nur Jugendliche, sondern auch Erwachsene, die bis ins höhere Alter hinein Glücksillusionen anhängen und um so schwerer die Notwendigkeiten des Alltagslebens erfüllen können. Das Prinzip »Brot und Zirkusspiele« des alten Rom findet hier eine Nachahmung, die um so schneller zur Einsamkeit führt, je glaubwürdiger die Illusionsangebote erzeugt werden. Nicht die Revolution frißt jetzt ihre eigenen Kinder, sondern der Wohlstand. Die Frage, inwieweit sich daraus Verantwortungsbewußtsein und Opferbereitschaft entwickeln können, Geben statt Nehmen praktiziert wird, muß offenbleiben, solange die Verteidigung eigener Besitzstände die Wahrnehmung von Armut und Elend verhindert.

»LEHRT DIE KLEINEN MÄDCHEN DAS ALLEINSEIN«

Diese Überschrift entstammt einem Zeitungsausschnitt vor dreißig Jahren. Der Artikel wurde von einer Journalistin geschrieben, die in sanfter Weise auf die Tatsache hinwies, daß es nicht nur grüne Witwen, sondern generell Frauen gibt, die als Hausfrauen ein Dasein führen, in dem sie gelegentlich am Feierabend oder mitunter auch erst nach ein oder zwei Wochenenden ihre Ehemänner sehen und vielleicht lieben können. Der Artikel enthält einen Hinweis darauf, daß die Erwartung des Mädchens oder der Frau, in einer Partnerschaft Zweisamkeit erleben zu können, durch die Art unserer Arbeitswelt geringe Aussicht auf Erfüllung hat und im wesentlichen auf eine bestimmte Zeit beschränkt ist, die aber nicht immer einhaltbar ist.

Inzwischen haben sich die Zeiten wesentlich geändert. Die sogenannte Emanzipation der Frau, der die Emanzipation des Mannes weitgehend nachhinkt, hat Frauen viele Berufsmöglichkeiten und Selbstverwirklichung auf anderen Gebieten als etwa dem des Mutterseins eröffnet. Aus dem 19. Jahrhundert wird jedoch weiterhin eine Harmonievorstellung übernommen, die hinsichtlich der Beziehung zwischen Mann und Frau nicht mehr zutreffen kann: Im letzten Jahrhundert ging man davon aus, daß die Frau im Leben des Mannes das ganz Andere sei, im übrigen ihr Bereich aus den drei »K«s bestehe (Küche, Kirche, Kinder). Man verurteilte sie dazu, in diesem Bereich für sich allein zu sein und die volle Verantwortung dafür zu übernehmen. Gleichzeitig geriet die Frau weitgehend in eine Art von Untertanenrolle, da im Patriarchat der Mann bestimmte, was, wie, wann und wo zu geschehen habe. Der Frau wurde die Funktion zugewiesen, Harmonie zu erzeugen und aufrechtzuerhalten, gleichgültig, ob ihr Schicksal oder die Art des Mannes dies förderte oder verhinderte. Bis in unser Jahrhundert hinein standen noch Zweck-Ehen aus Vermögens-, Geld- oder ähnlichen Gründen im Vordergrund, und die sogenannten Liebesehen waren noch die Ausnahme. Ihnen wurde zumeist eine Katastrophe vorausgesagt.

Vergleichen wir dies mit der heutigen Situation, so besteht eher der Wunsch, alle möglichen Bedürfnisse möglichst gleich und schnell zu befriedigen. Dazu gehört auch der größere Anspruch an Gemeinsamkeit in der Partnerschaft, die aber nicht Identität, sondern eher eine Ergänzung im Sinne der Verschiedenheit bedeuten soll. Hinzu kommt die Schwierigkeit der Zeitepoche, nämlich daß verschiedene Bedürfnisse an verschiedener Stelle individuell Befriedigung suchen, auch Bedürfnisse, die durch entsprechende Medien, Propaganda oder Reklame überhaupt erst geweckt werden. Solche Mobilisation richtet sich zum Teil auch kommerziell auf Alleinsein bzw. Alleinstehende, denen Verbindungen angeboten werden oder zumindest ein Zusammensein mit Gleichaltrigen, um auf diese Weise Einsamkeit zu verhüten. Betrachtet man die Kontaktsuche in den verschiedensten Zeitschriften mit sehr unterschiedlichem Niveau, so ergibt sich im ganzen dennoch eine Suche nach Bekanntschaft oder Partnerschaft mit der Begründung, nicht allein bleiben zu wollen. Das bedeutet nicht immer unbedingt Stetigkeit einer Beziehung, vielmehr entwickelt sich etwas ähnliches, was etwa in den Vereinigten Staaten ernsthaft mit dem Begriff »sequentielle Monogamie« bezeichnet wird, damit sind verschiedene entweder legale oder freie Bindungen zwischen zwei Partnern gemeint, die sich irgendwann auflösen, um die nächsten anderen Bindungen einzugehen.

Am stärksten befürchtet wird nach individuellen Angaben in der mittleren Generation eine

Isolation, die zu Alleinsein und Einsamkeit führt. Dabei spielen sicher auch wirtschaftliche Gesichtspunkte eine Rolle, wie z. B. Versorgung oder Unterhalt nach Trennung oder Scheidung. Sehr häufig gehen Trennungsbedürfnisse heutzutage von Frauen aus. Obwohl im beruflichen Bereich weiterhin die Männergesellschaft auch mit patriarchalen Attitüden dominiert, zeichnet sich ein langsamer Wandel ab.

Bei der Gruppe der älteren Frauen wird das Problem des Alleinseins besonders deutlich, da im allgemeinen Frauen ihre Ehepartner überleben und unter Umständen ein oder zwei Jahrzehnte alleinstehende Witwen sind. In dem zuvor erwähnten Artikel war letztlich auch diese Überlegung mit entscheidend für den Rat, rechtzeitig als Frau selbst ein Leben zu gestalten, das nicht durch das Alleinsein in Einsamkeit übergeht. Als deutliche Zeichen der Veränderung sind die Angebote nicht nur der Akademien beider Kirchen, sondern auch zum Teil universitäre Angebote zu nennen, die gleichzeitig Bestrebungen enthalten, Gruppen von Menschen, die allein leben, so zusammenzuführen, daß ein Austausch über die zurückliegenden Lebenserfahrungen – und was aus diesen Erfahrungen innerlich entstanden ist – möglich wird. Eine Tagung an einer evangelischen Akademie über Angst erwies deutlich, daß ein Großteil der Teilnehmer als charakteristisch folgendes beschrieb:

– Angst vor Alleinsein
– Angst vor Krankheit und Hilfsbedürftigkeit
– Angst vor wirtschaftlichen Schwierigkeiten.

Die Angst vor dem Alleinsein kennzeichnete dabei gleichzeitig die unterdrückte Angst vor Einsamkeit, insbesondere hinsichtlich möglicher Krankheitssymptome. Konkret geht es dabei auch um die Frage wirklicher Nachbarschaftshilfe, die zum Teil von den Gemeinden oder den Kirchen nicht allein übernommen werden kann. Im allgemeinen ist jedoch die Kontaktbereitschaft in der augenblicklichen Gesellschaft relativ gering. Es scheint beinahe, als ob der Wohlstand dazu führt, jegliches Unglück oder Unbehagen zu fliehen aus Angst, sich damit identifizieren zu müssen. Umgekehrt wird das Gefühl des Alleinseins insbesondere bei pensionierten Männern im Rentenalter mißverstanden. In der Regel ist die Ehepartnerin daran gewöhnt, den Mann nur zu seinen »freien« Zeiten zu sehen, also am Abend oder an den Wochenenden. Nicht immer entsteht daraus eine Gemeinsamkeit, häufiger hat sich bei vielen Ehefrauen das Gefühl entwickelt, wenn man den Mann einmal brauchen würde, ist er nie da, weil er anderweitig beschäftigt ist. Die plötzliche Umkehr im Rentenalter, wenn der Ehepartner ständig zu Hause ist, ist für sie ungewohnt. Gleichzeitig muß im Alter und hohen Alter die anfänglich kinderlose Ehe erneut, auch jetzt wiederum kinderlos, erlernt werden. Dieser Neuanfang bringt um so mehr Mühen und Schwierigkeiten mit sich, je selbstverständlicher die teilweise Abwesenheit des Partners vorher als normal empfunden wurde. Gleichzeitig empfindet der männliche Partner eine gewisse Leere, da er nicht mehr seinem Beruf an der gewohnten Stätte nachgehen kann. Es sind Fälle bekannt, in denen der Rentner an seine alte Arbeitsstätte geht oder zumindest das Gebäude von außen besichtigt, gleichsam um zu kontrollieren oder sich zu überzeugen, daß alles noch in Ordnung ist. Gleichzeitig verbindet sich damit dann ein merkwürdiges Bedürfnis der Ehepartnerin, den Ehepartner für einige Zeit außerhalb des Hauses zu haben, da sie es nicht gewohnt ist, seine Anwesenheit ständig zu ertragen. Es gilt auch hier, eine neue Stufe der Veränderung zu erlernen und gleichzeitig Abschied zu nehmen von dem Gewohnten, was zuvor war, um das gemeinsame Leben auf neue Weise zu füllen. Hier gelingt es nicht allen Paaren ohne weiteres, dieses Ziel zu erreichen.

Oft genug kommt es zu einer Einsamkeit in der Zweisamkeit, weil man davon ausgeht, alles durch die vielen Jahre hindurch am Partner zu kennen, ohne sich klar zu machen, wieviel in Wirklichkeit noch unbekannt ist, weil nie darüber gesprochen wurde.

In diesen Formen des Alleinseins zeigt es sich, von welcher Bedeutung Ansprechpartner sind, vertraute Personen, mit denen man sich aussprechen kann; mit denen man auch über Dinge reden kann, die unter Umständen dem Partner nicht gleich mitgeteilt werden. Dies betrifft beide Seiten, wobei auch Zerstreuung und Abwechslung und das Bedürfnis nach neuen Kontakten eine Rolle spielen können.

Alleinseinkönnen muß also immer wieder von neuem erlernt und eingeübt werden. Am schwierigsten scheint die Lage älterer Männer, die ihre Ehepartnerin verlieren. Durch das frühere Verhalten der Ehefrau sind sie überhaupt nicht daran gewöhnt, sich selbständig und mit der nötigen Sicherheit zu versorgen, sei es mit Essen, sei es mit anderen Dingen, die im Haushalt notwendig sind. Dieser Verlust ist für sie nicht ohne weiteres zu verkraften. Als Vorbeugung wird von Männern selten der Rat angenommen, daß es wichtig ist, das Alleinsein an bestimmten Abenden dadurch zu erleben, daß die Ehefrau ihrerseits zu irgendeiner Veranstaltung mit anderen Frauen geht oder einen Vortrag oder ein Konzert besucht. Ich selbst habe Männer erlebt, die sich trotz vollem Vorratsschrank wie Jugendliche verhalten haben, in der Meinung, vor diesem gefüllten Kühlschrank verhungern zu müssen, weil sie selbst nicht in der Lage waren, sich allein etwas zum Essen zuzubereiten, und voller Empörung das Fehlen der Frau als Vorwurf oder Rachebedürfnis erlebten.

Ein weiteres Mittel und ein Weg zur Vorbeugung und Vermeidung der Entstehung von Einsamkeit ist der bleibende Austausch über Vergangenes. Wenn Partner ihre Erinnerungen und Gefühle über Vergangenes austauschen, können unter Umständen vorausgehende Irrtümer oder Fehlwahrnehmungen korrigiert werden. Mit großem Erstaunen erlebt der eine oder andere Partner, daß etwas zur Sprache kommt, von dem der eine oder der andere dann behauptet, er hätte das nie gewußt, weil nie darüber gesprochen worden sei. Solche Überraschungen sind nicht selten, zumal der größere Teil von Ehefrauen berufstätiger Männer überrascht ist, von Dritten etwas über die Tätigkeit des Mannes zu erfahren.

Es galt über Jahre die Formel: »Er sagt ja nie

etwas, wenn er nach Hause kommt!« Das Umgekehrte traf genauso zu. Viele Ereignisse, die die Ehefrau erlebte, gerieten auch niemals in das Wahrnehmungsfeld des Mannes, weil sie selbst darüber kaum sprach. Im Grunde gibt es also im Alleinsein im Alter vieles an sich selbst und am Partner, was man neu wahrnehmen kann. Dadurch läßt sich auch Vergangenes korrigieren, unter Umständen auch das Gefühl: »Es hat doch gar keinen Zweck, ich kenne das ja alles, und es wird sich nichts ändern.« Eine solche Einstellung bedeutet natürlich, daß der auf diese Weise den anderen wahrnehmende Partner seinerseits nicht zu einer Änderung seiner Wahrnehmungen bereit ist, sonst wäre es möglich, andere Seiten zu entdecken, die zuvor unbekannt und ungelebt geblieben waren. Das Problem des Alleinseins im Alter ist eigentlich das der Rückschau auf ungelebtes Leben, das nur in der Phantasie als Wunsch bestanden hat, ohne daß je der Versuch gemacht wurde, einen Teil davon zu verwirklichen. Dazu bietet allerdings allein von der Zeit her das Alter größere Möglichkeiten als die Lebensjahre, die durch die Auslastung aufgrund von Berufstätigkeit oder durch die Sorge für die Kinder geprägt waren.

ALLEIN OHNE EINSAMKEIT

Allein sein ohne einsam zu sein ist jederzeit dadurch möglich, daß jeder Mensch in seinen Erinnerungen die Vergangenheit in vielen Einzelheiten gegenwärtig hat. Er ist also mit sich selbst stets in einem Gespräch über das, was sich in seinem Leben ereignete. Dabei enthalten solche Erinnerungen keineswegs nur erfreuliche Erlebnisse, sondern auch die anderen, den Schatten, der gerne verdrängt wird. Aber gerade die Auseinandersetzung mit dem späten Erkennen dessen, was vielleicht anders hätte verlaufen können, bedeutet im Alleinsein eine Weiterentwicklung. Solange ich nicht Frieden mit den Fehlern, Irrtümern und Versäumnissen schließen kann, die in meinem Leben eine Rolle gespielt haben, werde ich dem Versuch erliegen, diese Ereignisse zu verdrängen. In der Verdrängung sind sie jedoch vogelfrei und unkontrollierbar und können so auf anderem Wege Einfluß auf die Gefühle nehmen.

Sehr viele Zustände, die wir heute etwa mit der Diagnose »Depressionen« versehen, beruhen im Grunde auf solchen Verdrängungen, die dann letztlich nicht mehr erkennen lassen, was der eigentliche Ursprung dieser Traurigkeit ist. Wird es dagegen möglich, mit jemand darüber zu sprechen, selbst wenn sehr starke Schuldgefühle vorhanden sein mögen, so lassen sich die zurückliegenden Ereignisse, obgleich sie unveränderbar sind, doch auf eine andere Weise ertragen, so daß Friede mit sich selbst entsteht.

Statistisch läßt sich die Zahl der wirklich alleinlebenden Menschen wohl kaum voll erfassen. Einmal, weil sich bei den Zahlen dauernd etwas ändert, zum zweiten, weil dazu die Definition des Alleinlebens gehören würde. Allein sein und allein leben bedeutet nicht mehr und nicht weniger, als völlig für sich mit einem Minimum an Kontakten zu leben, möglicherweise ohne jede direkte ständige Beziehung. Alleinsein kann aus einer freiwilligen Wahl resultieren. Es gibt Menschen, die von ihrer Kindheit und von der Gesamtheit ihrer Entwicklung her gerne allein leben, sogar Wert darauf legen, in diesem Alleinsein mit sich selbst und der Welt den Dialog zu führen.

Und es gibt Menschen, die entweder aus Furcht vor anderen oder aus Haß gegen andere und gegen die Allgemeinheit allein leben. Erstere leben aus der Angst heraus, im Dialog und in dem direkten Kontakt nicht bestehen zu können, gleichsam nicht genügend Welterfahrenheit zu haben; letztere aus Haß, Rache oder tiefem Ressentiment gegen andere Menschen, in bewußter Isolation, fern aller Bereitschaft zu mitmenschlichen Kontakten, durchdrungen von Mißtrauen und darüber hinaus feindlich gesinnt gegen jeden, der ihnen nahekommt.

Solche Entscheidungen haben eine lange Entwicklungsgeschichte, die meist auf unbewältigten Ereignissen der Kindheit beruht. Es gibt Wissenschaftler, nicht nur Philosophen, die bewußt allein leben, weil sie denken wollen und in ihrer Konzentration auf die inneren Prozesse und das Verstehen der Welt keine Störung brauchen können. Es gibt andere Menschen, die aus freiem Gelübde in ihrem Beruf allein leben, dennoch aber ihre Aufgabe und ihre Zielsetzung darin sehen, anderen zu dienen und für sie da zu sein, um geben zu können.

Die große Mehrzahl der Menschen, die allein leben, sind Überlebende einer Zweisamkeit. In dieser Art des Überlebens bedarf es einer erheblichen Entwicklung, um über den Verlust des vorher vertrauten nahen Menschen so hinwegzukommen, daß das Alleinleben nicht nur den anderen in der Vorstellung als idealisiertes Objekt behält, um sich daran festzuklammern. Natürlich hängt das von der Altersstufe und von dem gesamten Lebensweg ab.

Nach einem Todesfall läßt die Trauer bei jedem Menschen im Laufe eines Jahres oder im Laufe von eineinhalb Jahren nach, sofern er Trauer nicht dazu mißbraucht, um im eigenen Leben der weiteren Entwicklung auszuweichen. Der Wunsch, sich wieder mit dem verlorenen Partner zu vereinen, ihm also in den Tod zu folgen, ist sehr häufig der erste Gedanke in der Vorstellung, nun allein sein und allein leben zu müssen. Es gibt oder gab Kulturen, die aus dieser Tatsache ein Ritual entwickelten. Man denke etwa an die Witwenverbrennung in Indien, die auf bestimmten Glaubensvorstellungen beruht, eben dem Gedanken, einem verstorbenen Partner nachzufolgen. Das Alleinsein nach dem Verlust des Partners sieht möglicherweise auch so aus, daß zunächst einmal laut oder in Gedanken Gespräche fortgeführt werden, die früher vielleicht nie stattfanden, dennoch aber dem anderen gewidmet sind und sich mit ihm auseinandersetzen. Dabei ist das Gefühl nicht ungewöhnlich, sondern durchaus menschlich, das sich in etwa so umschreiben läßt: »Warum konntest du mich hier so allein lassen?« Es handelt sich dann aber nicht um ein Alleinsein, sondern zunächst einmal um das Gefühl, verlassen worden zu sein und damit allein bleiben zu müssen. Je nach der Altersstufe kann dies völlig verschieden verlaufen. Wenn der Verlust in jüngeren Jahren erfolgt, ist es wahrscheinlicher, daß ein neues Leben und eine neue Beziehung gesucht werden, sobald die Trauer überwunden ist. Anders in höherem Alter, zumal auf dieser Altersstufe meist Frauen ihre Männer überleben. Auch hier eröffnen sich zwei ganz verschiedene Wege. Auf dem einen Wege nimmt der hinterbliebene Partner an, daß es nur noch kurze Zeit dauern würde, bis er nachfolgt, oder er nimmt an, es habe nun keinen Sinn mehr, allein zu leben. Es entsteht eine Art Warten auf den Tod, der nicht kommt. Die Folge davon ist dann Depression, in der Zeit unmerklich vergeht und nicht mehr als Vergehendes wahrgenommen wird. Damit verbinden sich oft – in der Erinnerung an Fehler, Irrtümer oder Versäumnisse – sehr intensive Schuldgefühle, die eine Depression verstärken können.

Der andere Weg im Alter – er kann auch dann beschritten werden, wenn beide Partner weiterhin in einer Beziehung leben. Es ist das Gegenteil von Warten auf den letzten Weg, auf Krankheit oder Tod. Vielmehr wachsen plötzlich Interessen, Neugier und Lebendigkeit anderen Zielen zu. Was jemand immer schon wollte, wäre nun möglich, und selbst wenn die Umgebung solche Bestrebungen falsch versteht, setzt sich schließlich doch der Mut zu einem eigenen neuen Leben durch. Damit wird ein Weg in weitaus höheres Alter erschlossen. Ein solcher kritischer Wendepunkt zwischen Alter und sehr hohem Alter scheint um das achtzigste Jahr herum zu liegen. Obwohl wir in einem materialistisch orientierten Zeitalter bereit sind zu glauben, daß es auch im Biologischen und im Organismus des Menschen Abnützungserscheinungen gibt, die nur bis zu einem bestimmten Alter Leben ermöglichen, erweist sich diese kausale Begründung häufig genug als unrichtig. Vielmehr reagiert das menschliche Immunsystem, das die Anfälligkeit für Krankheiten bestimmt, auf den jeweiligen seelischen Zustand, die Zufriedenheit mit dem Leben und die Fähigkeit, Glück in einer anderen Form zu erleben.

Je höher das Lebensalter, desto näher liegen der Gedanke und das Gefühl, daß jeder Tag ein besonderes Geschenk sei, das vor dem letzten unbekannten Weg noch einmal Möglichkeiten eröffnet, die Welt zu bestaunen und besser zu verstehen als je zuvor. Weder hohes Alter noch Alleinsein ist eine Garantie für Güte, Weisheit und Verständnis für andere. Es gibt bei alten Menschen genauso Torheit, Eigensinn, Starre und ausschließliche Rückbezüglichkeit auf sich selbst. Achtet man auf den Volksmund, so stößt man auf die Aussage: »Er oder sie kann nicht leben und nicht sterben.« Damit ist ein Zustand der Zwiespältigkeit gemeint, der zwischen Leben-Wollen und gleichzeitig das Leben-Beenden und Sterben-Wollen pendelt. Gerade im Alleinsein tritt dieser Zustand um so leichter ein, je schwieriger die Auseinandersetzung mit der erlebten Lebensstrecke erscheint. Solange jedoch die Neugier auf etwas Kommendes, auch die Neugier auf sich selbst in den verschiedensten Situationen erhalten bleibt, scheint es, als ob dies den Widerstand gegen Krankheiten erhöht. Beide Seiten gehören so zueinander wie Leben und Sterben, das heißt, es gibt keine ausschließliche Harmonie und Güte des Alters, sondern die Schattenseite des Zorns oder der Mißstimmung und auch des Streites bleibt ebenso erhalten. Sie trägt aber gerade dadurch zum Leben bei, daß begriffen wird, Leben kann nicht nur aus Harmonie bestehen, sondern befindet sich im stetigen Wechsel von Stimmungen.

ALLEIN IM ALLTÄGLICHEN

Wer jemals, gleichgültig in welchem Alter, vorübergehend oder länger alleine gelebt hat, kennt den Umgang mit sich selbst im Alltäglichen. Man empfindet sich selbst zwar als etwas merkwürdig, wenn man Selbstgespräche führt – sei es bei harmlosen Tätigkeiten wie etwa Planung, Vorbereitung von Reisen oder beim Aufräumen und ähnlichem. Dieses Selbstgespräch enthält aber immer auch eine Art von Du, nämlich das Du in mir selbst, das ich betrachten kann und mit dem ich mich einverstanden erkläre oder aber mich auseinandersetzen muß, weil zwei verschiedene Auffassungen über dieselbe Wahrnehmung und über dieselben Möglichkeiten des Handelns in mir selbst bestehen. Ein unfreiwilliger Beobachter oder Zeuge eines solchen Vorganges mag, wenn er unerfahren genug ist, darin eine Marotte sehen oder eine Alterserscheinung, die ihm absurd erscheint. Mit wem aber sollte ich reden, wenn ich mit mir selbst allein bin, wenn nicht mit mir und/oder mit meinem Schöpfer?

In jüngeren Jahren ist dieser Vorgang scheinbar schwer zu verstehen, obgleich auch jüngere Menschen in einer gewissen Situation mit sich selbst reden, ja bei Fehlern sich selbst sogar mit den unflätigsten Worten beschimpfen können. Das Für-sich-selbst-Sein und Mit-sich-selbst-allein-Sein umfaßt im Alter zwei Bewegungsrichtungen: nach außen und nach innen. Auf der einen Seite steht die Bewältigung von Alltagsaufgaben, die der eigenen Versorgung und dem eigenen Überleben dienen. Zunehmende körperliche Gebrechlichkeit kann dazu führen, daß fremde Hilfe in Anspruch genommen werden muß. Es wäre sicher besser, wenn in unserer Gesellschaft in den jüngeren Generationen größere Bereitschaft dazu bestände, solche Hilfeleistungen freiwillig und aus wacher Beobachtung heraus zu übernehmen.

Die andere Richtung geht gerade im Alleinsein nach innen, in die Welt der Erinnerungen und der Vergangenheit. Es ist wissenschaftlich erforscht, daß das Altgedächtnis im Alter weitaus besser funktioniert als die Merkfähigkeit. Das mag auch daran liegen, daß die akuten Ereignisse des Alltags keine so große Bedeutung mehr haben, gemessen an dem inneren Erleben des Älterwerdens, das im Rückblick Erlebnisse enthält, die weitaus interessanter sind als die Alltagsforderungen. Diese Verringerung der Merkfähigkeit führt freilich dann zu allerlei Konfusionen: »Wo ist meine Brille?« Auch wenn das Enkelkind plötzlich feststellt, sie sei vor nicht allzu langer Zeit auf die Stirne hochgeschoben worden, kann sie dort eben nicht gesehen werden, allenfalls im Spiegel. Etwas verlegen, vergessen, übersehen, all das steht mit im Vordergrund und erschwert Alltägliches.

Ich erinnere mich an einen achtundsechzigjährigen Kollegen, der nach dem Kriege weiterhin als Nervenarzt freiwillig in einer Klinik tätig war. Er traute seinem Gedächtnis so wenig, daß er stets einen Zettelblock mit sich führte, auf dem er alles aufschrieb, von dem er glaubte, daß es von Bedeutung und von Wichtigkeit sei, weshalb er sich das merken müsse. Diese Zettelsammlung gelangte dann in einen Karton, und aus diesem Karton entnahm er diese Zettel, um sie dann einzeln auf weiteren Zetteln in einem anderen Karton zusammenzufassen. Auf diese Weise entstanden hunderte von Zetteln und dann wiederum in einer anderen Farbe etwas weniger zahlreiche Zettel mit den Zusammenfassungen. So gelang es ihm leidlich, das Wichtigste zu behalten und auch entsprechend diesen Merkzetteln zu handeln. Sein Problem entstand jedoch dadurch, daß er nicht mehr genau wußte, ob er auch alle Zettel richtig zusammengefaßt hatte oder einige, die vielleicht wichtig gewesen wären, vergessen haben könnte. So beschäftigte er sich sehr häufig lange mit der Suche in seinen Zettelkästen, um eine Art von Zusammenfassung, zum Beispiel für eine Krankenbeobachtung oder andere Ereignisse, finden und damit niederschreiben oder diktieren zu können. Das gelang mitunter, aber nicht immer. Wohl aber konnte er für viele Stunden aus seiner früheren Klinikzeit sowohl als Assistent wie später als Oberarzt ausführlich berichten und die interessantesten Krankendarstellungen geben, ebenso wie er geschichtliche Ereignisse, die er miterlebt hatte, in allen Details schildern konnte.

Dem Zettelkasten dieses Kollegen entspricht die Sitte mancher Menschen, einen Knoten in ihr Taschentuch zu machen, um am nächsten Tage oder in einer anderen Situation an das erinnert zu werden, was sie sich merken wollten. Unglücklicherweise geschieht es sehr häufig, daß der Knoten fortbesteht, jedoch der Anlaß zu ihm längst vergessen wurde – ein ziemlich qualvolles Erlebnis, das aber letztlich ohne größere Anstrengung und Nachdenken dann mehr zufällig dazu führt, daß die gewünschte Erinnerung wieder auftaucht.

Ähnlich kann es auch in jüngeren Jahren mit

Namen oder Ereignissen und Daten gehen, daß sie vergessen oder verwechselt werden. Das bedeutet keineswegs eine Hirnschädigung, es bedeutet auch keine organische Krankheit und auch nicht den Anfang jener schrecklichen Krankheit, der Alzheimer Krankheit, bei der durch die Veränderung von Hirnzellen Vergeßlichkeit und Nichterkennen von Wirklichkeiten langsam zunehmen, bis es schließlich so weit kommt, daß die Welt, so wie sie ist, nicht mehr erkannt werden kann.

Gehen wir auf dieser Linie vom Alter aus zurück auf jenen Bereich, der als mittlere Lebenskrise bezeichnet wird, so begegnet uns ein Verhalten, das keineswegs unüblich oder außergewöhnlich ist. In der Zeit zwischen dem 35. und dem 45. Lebensjahr – obwohl sich dies nie so genau festlegen läßt – kommt es oft zu einer Phase, in der Frauen und Männer sich fragen: Wie bin ich eigentlich hierher gekommen? Die eigene Entwicklung wird nun daraufhin betrachtet, was sich ereignet hat, und mit den Visionen und Erwartungen verglichen, die ursprünglich, etwa im 20. Lebensjahr oder davor, ausgeprägt wurden. Dabei stellt sich heraus, daß in kritischer Betrachtung der Realität von der ursprünglichen Vision sich nur wenig verwirklicht hat. Damit entsteht auch die zweite Frage: Wollte ich eigentlich das alles, was ich jetzt erreicht habe? Und die darauf folgende logische Frage: Und wie soll es von hier aus weitergehen?

Was als Krise bezeichnet wird, ist im Grunde eine Chance, im Für-sich-allein-sein-Wollen Neues zu entdecken und sich von Altem zu verabschieden. Diese Übergangzeit besteht hauptsächlich darin, genau zu beobachten, was zur Gewohnheit geworden, aber ohne Inhalt und ohne Bewegung im Inneren geblieben ist, was an Neugier oder Sehnsucht besteht, die für nicht erfüllbar gehalten wird, weil sie bisher nicht erfüllt wurde. Zunächst aber wird die ursprüngliche Vision daraufhin zu überprüfen sein, wie weit sie doch noch zu verwirklichen wäre. Meist jedoch fühlt sich der einzelne in der Selbstbeobachtung nicht in der Lage, sofortige Veränderungen vorzunehmen. Einmal sind Familie, Partner oder Kinder da, zum zweiten besteht ein Berufsbild, das vielleicht Chancen für Weiterentwicklung bietet, und die Möglichkeiten, die sich daraus ergeben, erfordern auch Wandel und Anstrengung, wenn sie zu einem neuen Ziel führen sollen.

Solange diese kritischen Gefühle und die damit verbundene Unzufriedenheit und Unsicherheit besprochen werden können – wenn also Vertrauen zwischen Partnern oder Freunden besteht –, so wird sich aus dieser kritischen Rückbesinnung immer ein neuer Weg ergeben, der vernachlässigte Bereiche im Nachholen in die Wirklichkeit hineinbringt und zugleich neue Fähigkeiten mobilisiert. Pessimistische Resignation jedoch führt zum genauen Gegenteil, zu einer inneren Einstellung, die dann aus Langeweile oder Angst das »Altbekannte« fortsetzt. Die Folge ist dann eine noch größere Langeweile.

Ein Kommunikationsforscher hat vor kurzem behauptet, daß Männer in dieser Lebensphase sich am wohlsten fühlen, wenn sie mit einem Kasten Bier vor dem Fernsehapparat sitzen können und alleingelassen werden. Dieser etwas primitiven Verallgemeinerung ist weitgehend widersprochen worden. Dennoch verbindet sich mit der mittleren Lebenskrise für Mann und Frau die Frage: Will ich noch mehr vom »Altbekannten« oder etwas anderes, Neues? Das ist nicht leicht.

Ich erinnere mich an einen Mann im Alter von 45 Jahren, der sonst in seiner Familie als ziemlich ernst, schweigsam und häufig kritisch galt. Nachdem er sich entschlossen hatte, eine Änderung herbeizuführen, die darin bestand, daß er am frühen Morgen unter der Dusche lauthals zu singen begann, so daß dies auch die Nachbarn hören konnten, mußte er sich mit Unverständnis seitens der Familie auseinandersetzen. Die Familie war nicht etwa erstaunt, sondern entsetzt. Seine Frau nahm zunächst an, er hätte heimlich im Bad irgendwelchen Alkohol verstaut und diesen getrunken. Die Kinder, mitten in der Pubertät, waren in ihren Gedanken weniger freundlich und meinten, nun sei der Alte endgültig übergeschnappt. Als er immer wieder lachend und fröhlich aus dem Badezimmer heraustrat, starrten ihn die Familienmitglieder erschrocken an, und seine Frau fragte betroffen, ob auch alles in Ordnung sei. Der erste Versuch einer Änderung stieß auf den Widerstand der Umgebung. »Wir möchten dich so behalten, wie wir dich bisher wahrgenommen haben, obwohl wir damit durchaus nicht zufrieden sind, aber unsere Wahrnehmung zu ändern würde bedeuten, daß unser Verhältnis untereinander sich auch ändern würde, und wir müßten uns dann in unserer Wahrnehmung dir gegenüber genauso ändern.«

Der Schrecken des Neuen tut stets dann seine Wirkung, wenn das Neue unvorbereitet eintritt und wenn den Beteiligten nicht zuvor erklärt wird, wann und wieso der einsame Entschluß, sich selbst zu ändern, zustande kam. Auch das wird häufig auf Widerstände treffen, aber allein die Überwindung dieser Widerstände verändert auch das Leben aller anderen Beteiligten, sei es in der Familie, sei es im Betrieb oder sei es in Freundschaftsverhältnissen. Bedauerlicherweise kommt es häufiger zu einem Rückzug als zu einer tatsächlichen Veränderung.

ALTERSÄNGSTE

Wann fühlt man sich eigentlich alt? Das ist subjektiv sehr verschieden. Im allgemeinen wird man sich durch den Generationenvergleich bewußt, wie alt man ist. Angesichts heranwachsender Kinder erinnert man sich an seine eigene Jugendzeit und vergleicht sie mit der der Kinder. Es gibt Altersstufen, die des mittleren Alters, des hohen Alters und des höheren Alters. Der Begriff des »Greisenalters« ist als unfreundliche Bezeichnung eigentlich fast verschwunden. Drei grundverschiedene Einstellungen zum Alter sind festzustellen. Sie hängen davon ab, inwieweit und wann man sich auf das Altern überhaupt vorbereitet, also daran denkt, oder ob man es einfach wegschiebt.

Zum einen geschieht es im Alter sehr häufig, daß Menschen das Gefühl bekommen, alles sei nun vorbei. Sie sitzen dann, gleichsam das Sterben abwartend, resignierend und depressiv da, das heißt, ihre Lebenskurve geht nach unten. Das geschieht insbesondere dann, wenn Menschen sich abkapseln und wenig Verbindung zur Alltagsrealität aufrecht erhalten. Sie begeben sich in eine Einsamkeit hinein, die sie von sich aus herstellen, indem sie ihr Alleinleben allenfalls noch mit Erinnerungen verbringen, wobei sie über die Vergangenheit und das Altwerden trauern. Leider tritt dann auch sehr häufig eine Krankheit auf, oder es kommt sogar soweit, daß solche Menschen sterben, weil in dem Niedergehen ihrer Lebenskurve vom Seelischen her schon etwas enthalten ist, was dann zu körperlichen Konsequenzen führt.

Die andere Möglichkeit ist, gleichsam auf derselben Ebene fortzuleben, ähnlich wie man vorher gelebt hat, vielleicht etwas lockerer, sich weiterhin mit Freunden zu treffen, aber ohne irgendeine Erneuerung. Die Kurve bleibt dabei auf einer Ebene, ohne sich nach unten oder nach oben zu bewegen. Dadurch entsteht häufig das Gefühl der Langeweile und der Wunsch nach allerlei Ablenkung, die nicht immer ohne weiteres herbeiführbar ist. Dennoch wird auf dieser Ebene Erinnerung wiederholt, ausgebaut und mit anderem ausgetauscht, während die Ängste des Altwerdens erst dann einsetzen, wenn körperliche Funktionen oder Beweglichkeit sich verringern und dies als Abnutzungserscheinung betrachtet wird.

Völlig anders verläuft die Kurve in dem Augenblick, wo sie aufwärts geht, das heißt, wenn im Alter noch einmal etwas Neues begonnen wird. Die beste Vorbeugung gegen Altwerden ist eigentlich, wenn man sich ungefähr mit 45 oder 50 Jahren überlegt, was man mit 65 tun will. Man kann sich nicht einfach im Alter von 60 bis 65 Jahren ein x-beliebiges Hobby zulegen, sondern es geht darum, dieses Alter vorzubereiten und sich zu überlegen, welche Vorstellungen sich damit verknüpfen. Vielfach stellt sich dann die Neugier wieder ein, und Dinge, die man vorher nie konnte und an die man auch nie gedacht hat, bieten sich an, und plötzlich nimmt die Entwicklung einen völlig anderen Verlauf, als man anfangs meinte.

Betrachtet man diese drei Möglichkeiten des Alt- und Älterwerdens, so ist sehr klar, daß mit dem Altwerden von einem bestimmten Zeitpunkt an Neues geschehen muß, etwa dadurch, daß man sich Interessen und Gebieten zuwendet, für die früher keine Zeit da war. Es gibt sehr viele Beispiele für alle drei Haltungen.

Frau W. M. traf ich in ihrem 55. Lebensjahr, ihr Mann war ein Jahr zuvor gestorben. Sie fühlte sich depressiv, hatte keine Lust mehr zum Leben, war auf der anderen Seite aber außerordentlich interessiert an Tagesnachrichten, Zeitschriften und vergrub sich in ihre eigene Wohnung, hauptsächlich um zu lesen. Diese Einstellung veränderte sich vollständig, als sie ein Jahr später in eine kleinere, für sie leichter zu unterhaltende Wohnung umzog, sich aber dadurch in einer neuen Nachbarschaft zurechtfinden mußte. Plötzlich intensivierte sie frühere Kontakte, ging regelmäßig jeden Tag spazieren und hatte mindestens zweimal im Jahr Pläne, wegzufahren und sich im Gebirge oder am Meer zu erholen. Die ihr verbliebene Pension des Mannes und ihre Ersparnisse reichten dafür aus, so daß sie diese Pläne realisieren konnte. Mit großer Aktivität verlief dieses Leben bis in den Anfang ihrer 90er Jahre hinein. Sie drang darauf, ihre Neffen und Nichten und deren Kinder zu sehen, und war gedanklich erstaunlich beweglich in der Auffassung und Anwendung moderner Erziehungsmethoden. Das machte sich insbesondere bei den Kindern ihrer Neffen und Nichten bemerkbar, die sie wegen ihrer Beweglichkeit und wegen ihres Interesses liebten. Dennoch blieb sie weiterhin allein, ohne je das Gefühl der Einsamkeit zu haben.

Nach ihrem 95. Geburtstag trat eine plötzliche Änderung ein. In die Wohnung über ihr zog ein junger Mann, der sie offenbar sehr interessierte. Gleichzeitig entwickelte sich bei ihr der Verdacht, daß es sich um jemand handeln könnte, der zu einer illegalen Terrorgruppe gehörte. Aus diesen Vorstellungen heraus entwickelte sich bei ihr eine Reihe von Verfolgungsideen, die so weit gingen, daß sie glaubte, ihre Wohnung würde auf dem Weg über den Schornstein mit Gas vergiftet. Sie wurde von einer Furcht befallen, daß man deshalb hinter ihr her sei, weil sie alles über jeden Hausbewohner wisse. Diese allmähliche Veränderung ging so weit, daß sie schließlich nachts die Feuerwehr oder tagsüber die Kriminalpolizei benachrichtigte, was dazu führte, daß Zweifel an ihrem Geisteszustand aufkamen. Älteren Freunden in einem Nachbarhaus begann sie allerlei Verdachtsmomente zu erzählen, die sie aber eigentlich mit Erlebnissen verband, die sie in früheren Jahren gehabt hatte. Dabei vermischten sich ihre Phantasien mit politischen Ereignissen der 30er Jahre. Zunehmend trat bei ihr der Gedanke in den Vordergrund, man wolle ihr die Wohnung wegnehmen, weil andere, jüngere Menschen in diese Wohnung hinein wollten. Als Ursache hierfür sah sie den jungen Mann, der neu ins Haus gezogen war.

Der Versuch, in einem Altenheim Zuflucht zu finden und sich dort neu zu orientieren, mißlang. Die Verfolgungsideen hielten an, und schließlich wurde medizinisch eine Veränderung der Hirngefäße festgestellt. Kurz vor ihrem 96. Geburtstag verstarb Frau W. M.

Ein Ereignis im Leben von Frau W. M. war von besonderer Bedeutung: Am Ende ihres 40. Lebensjahres verlor sie ihre junge Adoptivtochter durch eine plötzliche Krebserkrankung. Diesen schweren Schlag überstand sie nur dadurch, daß sie sich aktiv um Kinder und Jugendliche kümmerte. Nach dem Tode ihres Mannes war sie ebenfalls fest in ein Netz in der Gemeinde verwoben, wo sie sich sowohl um ältere wie auch um jüngere Menschen kümmerte, also konstant in Kontakt zu Menschen blieb, obwohl sie allein lebte und auch weiterhin allein wohnen wollte. Obwohl es nahe lag, die letzte Erkrankung als organischen Defekt der Hirngefäße und als Versagen der Durchblutung anzusehen, stand doch in Wirklichkeit zunehmend der Verlust von Altersgenossen im Vordergrund. Schon vor Erreichen des 90. Lebensjahrs waren die meisten ihrer Freundinnen und Bekannten, aber auch ihre Schwestern verstorben, so daß sich der Kreis von wirklichen Beziehungspersonen in ihrem Leben drastisch verringert hatte.

Im Gegensatz zu den vorausgegangenen Erfahrungen, wo sie stets mit jüngeren Menschen in gutem Kontakt stand, von ihnen voll akzeptiert wurde und viele gehaltvolle Gespräche möglich waren, ließ sich diese Art des Kontaktes zu dem neu eingezogenen jungen Mann nicht herstellen. Sie beobachtete jedoch, daß der neue Bewohner sehr viel Besuch von gleichaltrigen Männern und Frauen hatte. Damit verband sich ein unbewußter Neid, der sich aber in Verdachtsphantasien umwandelte, weil sie sich ausgeschlossen fühlte. Dieses Gefühl des Ausgeschlossenseins ging zurück auf eine Erinnerung an ihr Jugendalter, als sie längere Zeit durch besondere Umstände in Holland leben mußte und Schwierigkeiten mit der Sprache hatte, sich also auch dort ausgeschlossen fühlte. In diesem Zusammenhang entstanden zunächst Selbstmordideen – sie wollte sich von einer Brücke stürzen –, die schließlich dann in Verfolgungsphantasien umgewandelt wurden. Trotz all der Auffälligkeiten versorgte sie regelmäßig ihren Haushalt, ging zum Einkaufen und verfügte auch vollständig und vernünftig über ihr Vermögen. Dies beruhte auf ihrer gleichzeitigen Verflochtenheit mit der äußeren Realität, vor allem aber auf der Möglichkeit, von sich aus immer wieder neue Kontakte zu eröffnen und darüber hinaus am Alltagsleben anderer Menschen teilnehmen zu können.

Vielen Menschen im hohen Alter fällt das Alleinsein meist nicht nur deshalb so schwer, weil sie
sich selbst nicht versorgen könnten und Hilfe
bräuchten, sondern aus dem Gefühl heraus, daß
es in der Umgebung nur wenig Menschen gibt,
die überhaupt daran interessiert sind, etwas über
die Vergangenheit zu wissen.

Als in den Vereinigten Staaten vor einigen Jahren das Buch »Roots« erschien, wurden die Kinder und Jugendlichen in den Städten und Dör-
fern des Südens aufgefordert, ihre älteren Verwandten oder Bekannten aufzusuchen, um sie zu
fragen, wie es eigentlich vor der Aufhebung der
Separation der Neger gewesen sei. Es kam zu einem Boom im Verkauf der handlichen Tonband-
geräte, und viele Jugendliche, auch junge Erwachsene, gingen zu den Alten, um von ihnen
Einzelheiten über die Vergangenheit zu erfahren.
Auf diese Weise entstand auch eine völlig veränderte Identität der Jüngeren, die zuvor mehr oder
weniger ohne Vorgeschichte gelebt hatten, aufgrund der Schilderung der Alten jedoch nicht
mehr bereit waren, die Gegenwart so anzuneh-
men wie sie war.

Es besteht allgemein eine Tendenz der Großeltern, sich mit den Enkeln zu verbünden. Auch
die Neugier der Enkel, etwas darüber herauszu-

bekommen, wie die Eltern früher waren, verstärkt diese Kontaktbedürfnisse. Es war allerdings durch die Zeit des Nationalsozialismus sehr viel schwerer für die nachwachsende Generation, wirklich etwas über diese Zeit zu erfahren. Dahinter stand die Scham der Alten, bedingt dadurch, daß sie in diese Zeitereignisse entweder direkt verflochten waren oder sich sogar aktiv an diesem politischen System beteiligt hatten. – Ein Phänomen, das jetzt in ähnlicher Weise in der Auseinandersetzung mit der Vergangenheit der früheren DDR auftritt. Solche Erscheinungen gibt es übrigens auch in Israel und überall dort, wo Überlebende der KZs, von ihren Kindern und Enkeln befragt, über diese Schreckenszeit weder sprechen konnten noch wollten. So blieb es für viele eine dunkle Vergangenheit, mit der niemand wirklich etwas zu tun haben wollte.

Wie schwierig der Umgang mit der Vergangenheit tatsächlich ist, schildert Timo Levi als Jude, der überlebt hat: »Die menschliche Erinnerung ist ein wunderbares, aber unzuverlässiges Instrument. Wer im Tiefsten verletzt worden ist, neigt dazu, die Erinnerung daran zu verdrängen, um den Schmerz nicht zu erneuern; und derjenige, der diese Wunden zugefügt hat, drängt seine Erinnerung in die Tiefe ab, um sich von ihr zu befreien, um sein Schuldgefühl zu erleichtern. Die häufige Vergegenwärtigung hält die Erinnerung frisch und lebendig, genauso wie man einen Muskel leistungsfähig erhält, wenn man ihn oft trainiert. Aber es ist ebenso wahr, daß eine Erinnerung, die allzu oft heraufbeschworen und in Form einer Erzählung dargeboten wird, dahin tendiert, zu einem Stereotyp, das heißt, zu einer durch die Erfahrung bewährten Form zu erstarren, abgelagert, perfektioniert und ausgeschmückt, die sich dann an die Stelle der ursprünglichen Erinnerung setzt und auf ihre Kosten blüht und gedeiht.«

Daraus erklärt sich auch eine gewisse Widerwilligkeit und Ablehnung, wenn Großeltern oder überhaupt ältere Menschen aus ihrer Vergangenheit erzählen sollen. Vieles ist in der Erinnerung längst ausgeschmückt und entspricht nicht mehr der wirklichen damaligen Erlebnisweise, weil diese häufig genug gar nicht in Worten ausgedrückt werden kann. Aufgrunddessen ist der Einzelne im Alter mit seinen Erinnerungen und den Vergangenheiten seines Lebens allein. Es entsteht dann das Gefühl, was damals war, kann überhaupt nicht von den folgenden Generationen verstanden werden, da es nicht von ihnen erlebt worden ist, noch erlebt werden wird. Das führt dann um so mehr zum Gefühl des Einsamseins, je weniger Altersgenossen oder überhaupt Menschen erreichbar sind, die solche Ereignisse nachfühlen können, weil sie Ähnliches erlebt haben.

Das Für-sich-sein-Können bedeutet in den verschiedenen Lebensstufen auch ganz Verschiedenes. Einerseits ist es stets notwendig, aus der Erinnerung heraus in eine Zukunft hinein Neues entstehen zu lassen. Je kürzer jedoch, subjektiv gesehen, die Zukunftsstrecke erscheint, desto leichter fällt der Einzelne im Alleinsein in Erinnerungen zurück, wobei im Alleinsein die negativen Erinnerungen überwiegen, während in der Erzählung mit anderen positive Erinnerungen im Vordergrund stehen.

Auf einer Akademietagung über das Thema »Angst« wurden die Teilnehmer gebeten, auf einer Doppelkarte ihre besonderen Ängste aufzuschreiben. Diese Ängste wurden dann an einer Schnur aufgehängt, so daß sie anonym, aber für jeden erkennbar waren. Dabei war das Erstaunliche, daß die Altersängste des Alleinseins, des Krankwerdens und Hilflos-Seins im Vordergrund standen. Man sollte aber nun doch klar fragen, was eigentlich zuerst da ist. Denn eine

Angst vor dem Alleinsein, die daraus entsteht, daß man nicht darauf eingestellt ist, kann selbstverständlich auf die Dauer Krankheitserscheinungen hervorrufen. Ist also eine Angst vor dem Kranksein eine Angst vor der Vereinzelung und dem Sich-einsam-Fühlen, und ist eine Alterserkrankung tatsächlich stets nur eine körperliche Erscheinung? Im Alleinsein wird der alte Mensch immer auf das gesamte eigene Leben zurückgeworfen, solange nicht aktiv eine Verflochtenheit mit anderen Menschen in der Realität aufgesucht und fortgesetzt wird. Die sich nach unten wendende Lebenskurve der Resignation und der Depression ist daher häufiger ein Sich-selbst-Aufgeben. Dies hängt damit zusammen, inwieweit subjektiv das Bewußtsein entsteht, wirklich gelebt zu haben, also gewesen zu sein. Je höher die Ideale und je höher die Forderungen nach Vollkommenheit und Etwas-sein-Müssen gestellt wurden, desto stärker werden Gefühle der Resignation und der Abwertung des eigenen Lebens im Alter. Es scheint so, als ob das Leben nichts wert gewesen sei und man nicht das realisiert habe, was man sich ursprünglich vorgestellt hatte. Damit ist immer eine Rückkehr in jene Jugendvisionen verbunden, in denen man sich ausmalte, was man einmal werden oder sein wollte.

Dabei spielt heute insbesondere für alte Menschen die allgemeine Perfektionsforderung, also eine Wahnidee der Vollkommenheit, eine zunehmend größere Rolle. Für manche Menschen im Alter zwischen 40 und 50 Jahren beginnt das schon dann, wenn sie 8- bis 12jährige erleben, wie sie ihre eigenen Computerprogramme herstellen, während sie selbst nicht einmal wagen, den Umgang mit einem Computer zu erlernen, und von vornherein aufgeben. Die Veränderungen in der Realität werden als so schnell, hastig und rapide erlebt, daß vielfach eine Art von Rückzug und damit auch ein Sich-selbst-Aufgeben erfolgen. Umgekehrt beweist die Teilnahme an den sogenannten Altenakademien oder entsprechenden Seminaren und Vorträgen an Volkshochschulen, in welchem Umfang Intelligenz, Kombinationsfähigkeit und Lebendigkeit in alten Menschen vorhanden sind. Häufig wird dabei die rechte Hirnhälfte stärker mobilisiert als die linke, die ausschließlich den rein logischen Funktionen des Denkens dient.

Altern bedeutet also stets, einen gewissen Ausgleich herzustellen zwischen den Funktionen der linken Hirnhälfte, die im alltäglichen Leben in der industrialisierten Welt bevorzugt werden, und den Funktionen der rechten Hirnhälfte, die mit ihren Fähigkeiten zur Intuition und zu intensivem Fühlen vernachlässigt worden sind. Dieses Problem berührt auch die zeitgenössische Erziehung.

Niemand kann aber auf die Dauer wirklich für sich sein und allein leben, solange er die in ihm wirksamen Gefühle verleugnet und sich nur auf sein logisches Denken zurückzieht. Für-sich-sein-Können bedeutet also auch, in sich selbst hineinhören und gleichzeitig jene Gefühle bemerken und berücksichtigen können, die sonst der Verdrängung unterlagen. Oft genug verbindet sich damit Trauer, und das plötzliche Weinen älterer Menschen ist nicht etwa die Folge von Gefäßverkalkung, sondern eher eine Erschütterung, die bis an das heranreicht, was früher verbarrikadiert und unzugänglich war. Im Alter verstärkt sich deshalb häufig der Wechsel zwischen Trauer und Hoffnung. Steht das Gefühl im Vordergrund, daß es nie zu spät für einen Wandel und eine Korrektur der bisherigen Erlebnisweisen ist, so wächst auch der Mut, anderes zu erproben und sich selbst dabei neu zu erleben. Eine festgestellte Starre ist keineswegs ein medizinisches Phänomen, sondern eher eine Weigerung, sich von den Vergangenheiten des gelebten Lebens auf eine gelassene Weise so zu verabschieden, daß man Mut zu Neuem und damit auch Erneuerung findet.

Es gibt genügend Beweise dafür, daß die sogenannte Senilität, die medizinisch diagnostiziert wird, sofort verschwindet, wenn man Menschen die Möglichkeit gibt, aus der Fürsorge eines Altenheimes wiederum in ein Leben zurückzukehren, in dem sie erneut Selbständigkeit entwickeln können. So gut die Hilfen gemeint sind, die in vielen Altenheimen gegeben werden, so sehr verstärken sie doch eine Art Infantilisierung und das Gefühl der Hilflosigkeit, da eben die Hilfe von anderen – von außen – kommt. In den USA ist mehrfach der Versuch unternommen worden, Menschen, die über Jahre schon als senil galten, in Siedlungen mit kleineren Appartements zu verlegen, in denen sie gemeinsam mit anderen wieder für sich selbst sorgen mußten. Erstaunlicherweise verschwanden alle Anzeichen der früher diagnostizierten Senilität.

Hier wäre wiederum die ernste Frage zu stellen, ob Krankheiten im Alter tatsächlich aus organischen Gründen entstehen, oder ob sie der verzweifelte Versuch sind, dadurch der Aufgabe des Alters zu entrinnen, die zu schwer erscheint, weil das bisherige Leben seelisch weder ertragen noch verarbeitet werden kann. Es ist keine neue

Weisheit, daß fast alle Menschen in Augenblicken, in denen ihnen Unangenehmes begegnet oder Unerträgliches nicht bewältigt werden kann, leicht in vorübergehende oder dauernde Erkrankungen verfallen, bis sich eine Lösung findet. Krankheit mobilisiert stets die Aufmerksamkeit und die Hilfsbereitschaft der Umgebung. Die Organmedizin verleitet dazu, die Hintergründe der seelischen Befindlichkeit zu vernachlässigen. Hinzu kommt, daß der jeweilige Betroffene dann das vor dem Arzt verbirgt, was ihn in Wirklichkeit seelisch bedrückt, weil er eben den Arzt als Mediziner nur im Blick auf körperliche Krankheiten für zuständig hält. Die weitere Angst, die auftritt, wenn Seelisches offenbart werden soll, besteht darin, daß man befürchtet, verrückt zu sein, oder daß dies andere von einem denken.

Auch die von mehreren alten Menschen entwickelte Form einer Wohngemeinschaft – zum Beispiel von Frauen in der Schweiz – führt dazu, daß Krankheitserscheinungen, Depressionen oder die sogenannte Senilität, völlig verschwinden. Eine der wesentlichen Voraussetzungen dafür ist jedoch, daß nicht erst im Alter von 60 oder 65 Jahren die Überlegung angestellt wird, wie und auf welche Weise man sein Alter bewältigen will. Was die materielle Sicherung für das Alter anbelangt, so fragt schon ein junger Angestellter, wie hoch wohl seine Rente sein wird und welche Versicherung er abschließen müßte, um mit 65 genügend finanziellen Spielraum für sich selbst zu haben. Er tut dies spätestens im Alter von 30 bis 35 Jahren, ohne dann aber schon genau zu überlegen, wie denn das Alter für ihn überhaupt sein wird.

Derzeit scheint es so zu sein, daß die jungen und die sich im mittleren Alter befindenden Erwachsenen den alten und sehr alten Erwachsenen beinahe aus dem Wege zu gehen versuchen, wahrscheinlich mit dem Gefühl: »Davon will ich jetzt noch nichts wissen!« Das unterbricht nicht nur den Kontakt zwischen den Generationen, sondern führt auch dazu, daß keine Vorbilder dafür wahrgenommen werden, wie das eigene Alter eines Tages aussehen könnte und welche positiven oder negativen Entwicklungen stattfinden, je nachdem, wie man sich eben auf das Alter einstellt. Gerade in dieser Hinsicht hat das Für-sich-sein-Können in den mittleren Jahren erhebliche Bedeutung, da nur so, in der Auseinandersetzung mit sich selbst und dem fortschreitenden Älterwerden, Entwürfe für die späten Jahre entstehen können.

Betrachtet man die heutige Bevölkerungsstatistik, so ist zu erwarten, daß jenseits der Jahrtausendwende der Anteil der über 60jährigen im Vergleich mit den nachfolgenden Generationen erheblich sein wird. Weder politisch noch sozial sind wir auf diese Veränderung vorbereitet. Wir verhalten uns gesellschaftlich immer noch so, als ließe sich die sogenannte »Absterberate« statistisch voraussagen und damit auch feststellen, auf was sich die Gesellschaft einrichten müsse. Dabei ist in Wirklichkeit das Allein-sein-Können im Alter und im hohen Alter ausschließlich davon abhängig, welches Ausmaß an körperlicher und seelischer Aktivität aufrecht erhalten wird, um mit der alltäglichen Realität in Verbindung zu bleiben. Ferner ist stets der Austausch mit anderen Menschen eine Notwendigkeit, der bei dem allgemein verringerten Kontaktbedürfnis freilich schwieriger ist als in anderen Lebenszeiten.

Eines der größten Kuriosa zu diesem Thema ist die Tatsache, daß Menschen oft in Massen um die gleiche Zeit losfahren, obwohl Staus auf der Autobahn voraussehbar sind. Das Ergebnis des Staus ist jedoch unter anderem, daß auf diese Weise, wenn der Stau länger dauert als erwartet, Menschen ihre Fahrzeuge verlassen und plötzlich miteinander ins Gespräch kommen, was sie an anderer Stelle im Alltag so nicht ohne weiteres tun würden. Diese Offenheit und Freundlichkeit im Umgang miteinander wären freilich auch für andere Lebenssituationen wünschenswert. Jedoch scheint es eher so, daß Gründe für eine »Abschottung« bestehen. In der Massengesellschaft, so ist zu vermuten, überwiegt das Bedürfnis des Einzelnen, allein zu sein und allein gelassen zu werden.

Im Alter werden aber Bezugspersonen, mit denen man gemeinsam etwas erleben und auch Erfahrungen austauschen kann, zunehmend wichtiger. Hier scheinen die Frauen etwas »wacher« zu sein als die Männer, denn vielfach läßt sich beobachten, daß ältere Frauen allmählich einen Kreis von Frauen im mittleren Alter um sich versammeln, um mit ihnen gemeinsam in einer kleinen Gruppe all die Probleme zu besprechen, die sie selbst früher auch durchlebt haben, weshalb sie im Austausch Veränderungen herbeiführen wollen. Allerdings gibt es dabei die Schwierigkeit, die passenden Räumlichkeiten für solche Begegnungen zu finden.

An diesem Punkt sind gerade auch die einzelnen Kirchengemeinden gefordert, wobei es in einer Gesprächsrunde keineswegs – plakativ verstanden – um religiöse Fragen gehen müßte, sondern um Alltagsfragen, hinter denen aber tatsächlich auch Fragen nach dem Glauben und zum Zweifel stehen. Sich dabei allzu schnell auf den lieben Gott zu berufen, scheint der schmerzlich empfundenen Realität zu widersprechen. Solche Bemühungen stellen auch keinen wirklichen Trost dar, da sie im Grunde der Auseinandersetzung mit bitteren und harten Realitäten und Gefühlen ausweichen. Man kann nicht behaupten, daß alle Theologen und Theologinnen der verschiedenen Konfessionen sich für diese Aufgabe in besonderer Weise qualifizieren und ihre Gemeinde dadurch mobilisieren könnten. Jene Aufforderung Jesu »Kommt her zu mir, die ihr mühselig und beladen seid« scheint nicht immer unbedingt zum alltäglichen »Handwerkszeug« des modernen Seelsorgers zu gehören.

Es wird deutlich, daß Alleinsein und Alleinleben nicht von einer einzigen Perspektive aus gesehen werden können. Vielmehr hängt Alleinsein auch sehr stark mit der Bereitschaft zur Mitmenschlichkeit zusammen. Je weniger man sich selbst mitmenschlich verhalten kann und je weniger sich andere mitmenschlich verhalten, desto trauriger und schmerzlicher wird Alleinsein empfunden.

Das biblische Gleichnis vom Pharisäer und

Zöllner macht einen weiteren Aspekt des Alleinseins deutlich: Der im Wohlstand zufrieden mit sich selbst lebende Pharisäer achtet nicht mehr auf den einsam dastehenden Zöllner und dessen Schmerzen. Im Gegenteil: Er versucht diese Sicht zu fliehen, ohne dabei zu bedenken, daß ihm jeden Tag Gleiches widerfahren könnte.

Nur selten lassen die Medien – Film, Fernsehen, Zeitschriften – eine gewisse Bereitschaft erkennen, die Themen, wie Alleinsein, Mitmenschlichkeit, Angst vor Einsamkeit und Krankheit, in einer annehmbaren, emotionalen Weise zu behandeln. Offenbar bedarf es so großer schicksalhafter Umwälzungen wie etwa des Aufstands in der ehemaligen DDR oder der Erschütterung durch einen drohenden Krieg oder Weltbrand, um Menschen gemeinsam in Kirchen und auf Straßen wieder so zusammenzuführen, daß Fremde untereinander Gespräche führen und sich gegenseitig als Mitmenschen in einer Welt erleben. Dabei ist zu bedenken, daß wir alle für diese eine Welt, so wie sie ist, verantwortlich sind.

BEI SICH SELBST SEIN KÖNNEN

Ich krieg's nicht mehr zusammen!« ist ein Ausspruch, den ich in den letzten zwanzig Jahren nicht nur von Jugendlichen, sondern auch von Erwachsenen sehr häufig gehört habe. Dahinter steht einerseits die Fülle der Reize, Informationen und Einflüsse von der Außenwelt, die scheinbar Direktiven geben, und andererseits verbirgt sich dahinter die Unfähigkeit, sich selbst so von innen her zu lenken, daß alles Äußere aus einer bestimmten Perspektive gesehen und geordnet werden kann. Durch innere Lenkung der Gedanken kann klar werden, welche Bedeutung bestimmte Dinge für die eigene Person und ihre Entwicklung haben.

Die sogenannte »Schickimicki-Gesellschaft« in den Großstädten geht nur in solche Lokale und zieht nur solche Sachen an, die gerade »in« sind. Mit anderen Worten: Es handelt sich um eine außengelenkte Gesellschaft, deren Inneres allmählich verarmt. Des weiteren verlieren sich die subjektiv echten Erlebnisweisen in einem Fassadenverhalten, das hauptsächlich in der Durchsetzung von Beachtungswünschen gilt. Es wird eine Atmosphäre von Voyeuren und Exhibitionisten erzeugt. Sehen und gesehen werden stehen im Vordergrund der Selbstsicherung, die jedoch keine Selbstsicherheit enthält. Hinter dieser Maskenhaftigkeit entsteht die Angst, daß jemand diese Leere entdecken könnte, die in Wirklichkeit diese Wendung nach außen bestimmt.

Bei sich selbst sein können bedeutet letztlich jedoch, sich selbst wirklich zu haben, sich selbst erkennen zu können und ein Bewußtsein eigener Grenzen der Geschöpflichkeit zu entwickeln. Es stellt sich die Frage: Wer ist dieses »Ich selbst« eigentlich? Je mehr das Ich im Vordergrund steht, desto mehr wird der Zugang zum Selbst verdunkelt. Vor einigen Jahren wurde die jüngere Generation als eine »me first«-Gruppe bezeichnet. Mit anderen Worten: Der Egoismus und die sofortige Genußforderung schienen bei dieser Bezeichnung im Vordergrund zu stehen.

Eine solche Haltung kann durch Weckung von Bedürfnissen entstehen, die künstlich immer wieder neu hervorgerufen werden. Der Grundsatz aller Werbung, wo immer sie auftritt, ist die Suggestion: »Du kannst ohne diesen Gegenstand nicht leben, und wenn du es tust, versäumst du etwas.« Anders ausgedrückt: »Es geht dir ein Stück Lust am Leben verloren.« Was unter dem

Begriff »Marketing« verstanden wird, ist eigentlich eine konstante Verlockung und eine Erfindung von immer neuen Bedürfnissen, die den Einzelnen von sich selbst wegbringen sollen in eine andere Welt, in der er sich nicht mehr so sehr um sich selbst zu kümmern braucht, weil ein Ersatz dafür angeboten wird.

Die Stille des wirklich Bei-sich-selbst-Seins wird offenbar nur noch sehr schwer ausgehalten. Zerstreuung, Ablenkung und Erfüllung von Lustbedürfnissen stehen im Vordergrund, weil dadurch die Begegnung mit sich selbst und mit dem tatsächlichen Leben vermieden werden kann.

Man braucht kein Moralist zu sein, um diese Tendenzen zu erkennen, die als ständige Verführung Menschen von sich selbst weglocken. Der Marktrausch der Wohlstandsgesellschaft verleitet nicht nur zur Blindheit gegenüber dem anderen, sondern auch zur Verleugnung und Entstellung bis zur Verzerrung des »Ich selbst«. So ist die Angst vor »Endzeit« und »Apokalypse« gewiß kein Zufall, sondern das Ergebnis einer Massensuggestion, die jede Individualität, Selbstbeharrung und Selbstsicherheit nicht nur bedroht, sondern fast auszulöschen scheint. Die damit entstehende innere Leere verstärkt das Gefühl des Alleinseins inmitten einer Masse von Menschen, damit aber auch Gefühle der Hilflosigkeit und Verzweiflung, die in allerlei Formen von Sucht enden müssen. Es geht also im Bei-sich-sein-Können eigentlich um die Frage der Autonomie gegenüber sich vermehrenden Abhängigkeiten, die letztlich auf vielerlei Wegen zur Selbstentfremdung führen. Autonomie erfordert inneren Widerstand dagegen.

MUT ZUR UNGEWISSHEIT
DES ZUKÜNFTIGEN

Sowohl in unseren Bildungseinrichtungen wie auch in anderen gesellschaftlichen Bereichen wird nach wie vor die Tatsache übersehen, daß sich die durchschnittliche Lebenserwartung verdoppelt hat. Wir rechnen heute mit einem viel höheren Prozentsatz von 70- und 80jährigen als je zuvor. Selbst hohe Lebensalter mit 90 und noch mehr Jahren werden erreicht, ohne daß etwa in der Erziehung und während des Lebensablaufes eine Vorbereitung auf diese lange Lebensstrecke im Alter erfolgt. Nur so kann die Mißachtung des Alters entstehen, und auch nur so entstehen Überlegungen zur Abschiebung der Alten und zum Kampf gegen die schwächsten Teile der Gesellschaft, nämlich gegen Kinder und Alte. Dabei wird das Potential völlig übersehen, das in der Erfahrung alter Menschen liegt, denn gerade sie haben doch eine lange Berufstätigkeit und eine lange Strecke gelebten Lebens hinter sich. Der Grund hierfür ist der Maßstab der »Brauchbarkeit« des Menschen, wobei unsinnige Behauptungen, wie etwa der »Leistungsknick« ab dem 50. Lebensjahr, im Vordergrund stehen.

Bei einem Seminar mit Geschäftsleuten und Ingenieuren stellte ein 23jähriger in Anwesenheit mehrerer Teilnehmer, die weit über 40 Jahre alt waren, die Behauptung auf: »Alles über 40 ist Schrott!« Orientiert an der Leistungsfähigkeit eines Industriebetriebes und im unbewußten Ehrgeiz, möglichst schnell eine hohe Position zu erreichen, erschien die Aussage subjektiv gerechtfertigt. In der Industriegesellschaft wird im Management zunehmend aber beklagt, daß Menschen bis zum 48. Lebensjahr oder schon davor eine steile Aufstiegskarriere haben, danach aber als »ausgebrannt« erscheinen, und damit in Gefahr sind, einfach abgeschoben zu werden. Der Bescheid »zu alt« mißt sich dabei an der Vorstellung vom Menschen als Werkzeug, als »Gegenstand«, der im Grunde besser durch einen entsprechenden Roboter zu ersetzen wäre.

Das Zu-sich-selbst-Kommen tritt zu einem Zeitpunkt ein, an dem sich rein rechnerisch ergibt, daß etwa die Hälfte der zu erwartenden Lebensjahre erreicht ist. Das ist zwischen dem 35. und 45. Lebensjahr der Fall. Fragen, wie es weiter geht und was man ursprünglich wollte, werden laut. Aber nur die Rückkehr zu sich selbst ermöglicht dann eine Vorbereitung auf die vorausliegende, vielleicht noch einmal so lange oder noch längere Lebensstrecke. Für diese Vorbereitung auf die lange Lebensstrecke jenseits der Mitte des Lebens bestehen kaum Unterstützungsmöglichkeiten von außen. Hier wird also jeder im Grunde allein gelassen. Dabei werden jedoch die Geschöpflichkeit und die Begrenzung des Lebens offenbar. Die Wahrscheinlichkeit von plötzlichen Herzinfarkten und anderen Erkrankungen, die das Leben vorzeitig abbrechen, wird dadurch größer, daß keine Anhaltspunkte oder Beispiele für eine zukünftige Lebensentwicklung im Alter gegeben werden. Gelingt es, die Gefühlsseite – das heißt die vernachlässigte rechte Gehirnhälfte – doch noch relativ spät zu entwikkeln, so bestehen durchaus größere Chancen auf eine längere Lebensdauer und ein Leben, das erfüllter ist als zuvor. Dazu gehört allerdings der Mut zur Annahme der Ungewißheit des Zukünftigen.

Immer wieder habe ich Menschen – besonders Männer – zwischen 35 und 45 erlebt, die mir heimlich mitteilten, daß sie seit einiger Zeit die Todesanzeigen in den Zeitungen daraufhin studieren, welche Jahrgänge sterben. Diese Wende in den mittleren Jahren beinhaltet letztlich auch ein Begreifen, daß Leben und Tod unmittelbar miteinander verbunden sind. Abschiednehmen von Vergangenem bedeutet dabei nur Vorbereitung und Vorausschau auf jenen letzten Abschied, der mit Gewißheit jedem Menschen bevorsteht. In der Vorbereitung auf diese endgültige Gewißheit wächst die Bereitschaft, erlebtes und gelebtes Leben zu verantworten und daraufhin zu prüfen, wie weit es tatsächlich von mir selbst geführt wurde und inwiefern es mich zu meinem eigenen Selbst gebracht hat.

Innerhalb der verschiedenen Weltreligionen in einer immer näher zusammenrückenden Welt sind die Vorstellungen über ein Jenseits vielfältig. Von der Erwartung und von dem Glauben, was nach dem Tod sein wird, hängt es aber ab, was und wie gelebt und verantwortet wird. Die phantasiereiche Vorstellung der späteren Wiederkehr in einem neuen Leben enthält allenfalls die Idee, etwas, was früher einmal gelebt wurde, nun anders oder besser machen zu können. Gleichzeitig sieht man dabei die Gefahr, daß man die gleichen Fehler wieder begehen würde. Diese Vorstellung besteht beispielsweise im Karma der östlichen Religionen. Wenn der Tod nichts weiter ist als eben »tot sein«, führt dies zur Verleugnung dessen, für das man sich verantworten müßte. Wenn der Tod einem gleichgültig erscheint, weil danach nichts mehr ist, dann hat das Leben mit allem, was darin geschieht, auch keine Bedeutung. – Aber auch Begriffe wie »Hölle« und »Himmel«, häufig noch mittelalterlich belastet, können die Vorstellung hervorrufen, daß manches in diesem Leben bereits als Hölle erlebt wird, weil umgekehrt der Himmel gewünscht wird, den es auf Erden nicht gibt.

Die Vorstellungen dessen, was zu erwarten sein wird, können im Alleinsein zu verzweifelter Einsamkeit führen. Vielen Menschen erscheint ihr eigenes Leben als eine Art Gewebe von Gut und Böse. Das Böse, selbst wenn es nicht einmal absichtlich herbeigeführt wurde, steht häufig im Vordergrund. Hoffnung auf Vergebung ist aber nur dann möglich, wenn jeder in seinen Schuldgefühlen oder im wirklichen Schulderleben auch sich selbst vergeben kann. Umgekehrt ist das Abwägen von Gutem und Bösem im Leben eigentlich eine Buchhalterarbeit, die wohl nicht ganz dem entspricht, wie unser Leben wirklich zu beurteilen wäre.

Es besteht aber kein Zweifel, daß mit zunehmendem Alter und längeren Strecken des Alleinsein-Müssens Gedanken und Gefühle aufkommen, die sich auf den letzten Weg beziehen. Dabei sollte nicht übersehen werden, daß dieser letzte Weg bis zum ungewissen Ende anders verläuft, wenn grundsätzlich eine positive Einstellung auch zum gelebten Leben und zu allen Fehlern und Irrtümern aufrecht erhalten bleiben kann. Mit großer Dankbarkeit lebt man jeden Tag, der einem noch geschenkt wird. Ein völlig anderes Bild ergibt sich, wenn man in dunkle Schuldhaftigkeit, in ein Sich-selbst-nicht-vergeben-Können ohne Hoffnung, in Verzweiflung und Ratlosigkeit versinkt.

Dieser letzte Weg erfordert auch die Erkenntnis der Möglichkeit von verschiedenen Arten von Wahrheit, die wir alle kennen. Es gibt Dinge, die wir über uns selbst wissen, von denen wir aber nicht gerne hätten, daß andere, dritte, sie auch wissen. Also verbergen wir sie in uns selbst – ein durchaus menschliches Verhalten. Und es gibt eine zweite Möglichkeit des Umgangs mit der Wahrheit, nämlich, daß wir Dinge, die wir über uns selbst wissen, selbst nicht gerne wissen möchten und sie daher auch vor uns selbst verbergen oder verleugnen. Diese Wahrheit in uns selbst niederzuhalten, erfordert unendlich viel Kraft, denn in jedem Augenblick wird befürchtet, daß dennoch auch nur ein Teil dessen sichtbar wird, was wir verbergen möchten. Auf diesem letzten Wege wird uns dann schließlich bewußt, daß es nur eine Wahrheit gibt. Noch sehen wir als Lebende uns selbst wie durch einen Spiegel, später aber »von Angesicht zu Angesicht«.

In diesem inneren Kampf um die wahre Erinnerung tröstet die Hoffnung auf Gnade. Der stete Ruf »Adam, wo bist du?« hat uns ein Leben lang im Alleinsein als Frage danach begleitet, wie weit wir mit unserem Leben gekommen sind. Es geht nun nicht mehr um die alltäglichen Sorgen des eigenen Ich, das uns oft genug den Zugang zu unserem wahren Selbst verdunkelt hat. Nur im Frieden des Geistes und des Herzens können wir unser irdisches Leben beenden. Im Abschied von allem, was uns zuvor bedeutsam erschien, im Glauben an diese letzten Augenblicke des Alleinseins mag uns der Sinn unseres Lebens erkennbar werden und in einem anderen Licht erscheinen. Wir sind allein in Gottes Hand eingedenk der Verheißung: Die Liebe höret nimmer auf.

DER AUTOR

Geboren am 21. April 1917 in Danzig.
Studium der Philosophie, Psychologie, Pädagogik und Medizin in Berlin. Danach Arzt für Neurologie und Psychiatrie, Psychoanalytiker und Sozialpsychologe.
Leiter der Akademie für Psychotherapie in Stuttgart. Stellvertretender Direktor des Sigmund-Freud-Instituts in Frankfurt.
Lehraufträge im In- und Ausland (u. a. Professor der Menninger School of Psychiatry).
Freie Praxis in München und Ulm. Seit 1983 im Ruhestand. Ehrenpromotion der Theologischen Fakultät der Universität Hamburg.
Zahlreiche Veröffentlichungen wie »Stufen des Lebens«, »Von der Schwierigkeit zu lieben«, »Zwischen Angst und Übermut«.